Schlafstörungen

von

Jutta Backhaus
und
Dieter Riemann

Hogrefe · Verlag für Psychologie
Göttingen · Bern · Toronto · Seattle

Dr. phil. Jutta Backhaus, geb. 1964. Studium der Psychologie in Freiburg. 1997 Promotion. 1994-1999 Wissenschaftliche Angestellte an der Universitätsklinik für Psychiatrie und Psychotherapie in Freiburg. Seit 1999 Leiterin des Schlaflabors an der Klinik für Psychiatrie der Medizinischen Universität Lübeck.

Prof. Dr. rer. soc. Dieter Riemann, geb. 1958. Studium der Psychologie in München. 1988 Promotion. Ab 1985 klinisch-psychologische und wissenschaftliche Tätigkeit mit Schwerpunkt Schlaf- und Depressionsforschung. 1992 Habilitation. Seit 1993 Professor für Klinische Psychophysiologie und Leiter der schlafmedizinischen Station in der Abteilung für Psychiatrie und Psychotherapie der Universitätsklinik Freiburg.

Wichtiger Hinweis: Der Verlag hat für die Wiedergabe aller in diesem Buch enthaltenen Informationen (Programme, Verfahren, Mengen, Dosierungen, Applikationen etc.) mit Autoren bzw. Herausgebern große Mühe darauf verwandt, diese Angaben genau entsprechend dem Wissenstand bei Fertigstellung des Werkes abzudrucken. Trotz sorgfältiger Manuskriptherstellung und Korrektur des Satzes können Fehler nicht ganz ausgeschlossen werden. Autoren bzw. Herausgeber und Verlag übernehmen infolgedessen keine Verantwortung und keine daraus folgende oder sonstige Haftung, die auf irgendeine Art aus der Benutzung der in dem Werk enthaltenen Informationen oder Teilen davon entsteht. Geschützte Warennamen (Warenzeichen) werden nicht besonders kenntlich gemacht. Aus dem Fehlen eines solchen Hinweises kann also nicht geschlossen werden, daß es sich um einen freien Warennamen handele.

Die Deutsche Bibliothek - CIP-Einheitsaufnahme

Backhaus, Jutta:
Schlafstörungen / von Jutta Backhaus und Dieter Riemann. - Göttingen ; Bern ; Toronto ; Seattle : Hogrefe, Verl. für Psychologie, 1999
  (Fortschritte der Psychotherapie ; Bd. 7)
  ISBN 3-8017-1122-6

© by Hogrefe-Verlag, Göttingen • Bern • Toronto • Seattle 1999
Rohnsweg 25, D-37085 Göttingen

Das Werk einschließlich aller seiner Teile ist urheberrechtlich geschützt. Jede Verwertung außerhalb der engen Grenzen des Urheberrechtsgesetzes ist ohne Zustimmung des Verlages unzulässig und strafbar. Das gilt insbesondere für Vervielfältigungen, Übersetzungen, Mikroverfilmungen und die Einspeicherung und Verarbeitung in elektronischen Systemen.

Satz: Druckvorlagen Bernert, Göttingen
Druck: Schlütersche GmbH & Co. KG Verlag und Druckerei
Printed in Germany
Auf säurefreiem Papier gedruckt

ISBN 3-8017-1122-6

Inhaltsverzeichnis

Karten:
Kurzscreening Insomnie
Kurzscreening Hypersomnie
Checkliste primäre Insomnie
Psychologisches Bedingungsmodell der primären Insomnie

1 Beschreibung des Störungsbildes

1.1 Bezeichnung

Bis vor nicht allzu langer Zeit wurde sowohl von den meisten Fachleuten als auch von Laien unter einer Schlafstörung ausschließlich eine Beeinträchtigung des Nachtschlafs im Sinne eines „zu wenig" an Schlaf, d. h. eine Insomnie, verstanden. Die Entwicklung der Schlafmedizin hat jedoch in den letzten Jahren einen enormen Aufschwung genommen, und inzwischen werden von Schlafspezialisten unter Schlafstörungen (engl.: sleep disorders) nicht nur die Insomnien, sondern auch Hypersomnien, Parasomnien und Störungen des Schlaf-Wach-Rhythmus verstanden. Unter die Hypersomnien werden schlafbezogene Erkrankungen gefaßt, die mit erhöhter Tagesmüdigkeit oder Tagesschläfrigkeit einhergehen. Hierzu gehören beispielsweise die schlafbezogenen Atemstörungen (Schlaf-Apnoe) oder die Narkolepsie, die in der Regel mit Einschlafattacken während des Tages einhergeht. Unter Parasomnien versteht man u. a. Störungen des Schlaf-Wach-Übergangs, z. B. das Schlafwandeln, das überwiegend im Kindes- und Jugendalter auftritt, oder das nächtliche Hochschrecken (Pavor nocturnus).

Der Fokus des vorliegenden Buches liegt auf der Insomnie als einer der wesentlichen und wahrscheinlich sogar am weitesten verbreiteten Schlafstörung, die (fast) jeden Menschen zumindest vorübergehend betreffen kann.

Unter Insomnie im eigentlichen Sinne des Wortes ist komplette Schlaflosigkeit zu verstehen. Im klinischen Sprachgebrauch werden darunter Ein- und/oder Durchschlafstörungen, frühmorgendliches Erwachen, unerholsamer Schlaf und damit assoziierte Beeinträchtigung der Tagesbefindlichkeit wie etwa Leistungs- und Konzentrationsstörungen und erhöhte Tagesmüdigkeit verstanden.

Vor der Einführung operationalisierter Diagnosekriterien wie etwa im DSM-III-R/DSM-IV (APA, 1987, 1994) oder ICD-10 (1991) finden sich in der relevanten Literatur synonym gebrauchte Begriffe wie etwa Hyposomnie, Agrypnie oder Asomnie.

Der Hauptgegenstand dieses Buches sind die Insomnieformen, die weder auf eine organische noch eine psychiatrische Ursache zurückzuführen sind. Im ICD-10 werden diese Insomnien als „nicht-organische Insomnie" (F51.0) klassifiziert. DSM-III-R bzw. DSM-IV benennen diese Störungen als primäre Insomnie. In der älteren Literatur werden diese Schlafstörungen als psychophysiologische bzw. idiopathische Insomnien bezeichnet.

1.2 Definitionskriterien

ICD-10 und DSM-IV beziehen beide in einem ausführlichen Teil ein Klassifikationsschema von Schlafstörungen mit ein. Tabelle 1 und 2 zeigen die Klassifikationen der Schlafstörungen nach ICD-10 bzw. DSM-IV.

Tabelle 1:
Klassifikation der Schlafstörungen nach ICD-10

Nicht-organische Schlafstörungen		Organische Schlafstörungen	
a) Dyssomnien			
F 51.0	Nicht-organische Insomnie	G 47.8	Kleine-Levin-Syndrom
F 51.1	Nicht-organische Hypersomnie	G 47.4	Nicht-psychogene Störung mit
F 51.2	Nicht-organische Störung des		exzessivem Schlaf (Narkolepsie)
	Schlaf-Wach-Rhythmus	G 47.2	Nicht-psychogene Störung mit
b) Parasomnien			unangebrachten Schlafenszeiten
F 51.3	Schlafwandeln	G 47.3	Schlafapnoe
F 51.4	Pavor nocturnus	G 25.3	Episodische Bewegungsstörungen
F 51.5	Alpträume		und nächtliche Myoklonien
F 51.8	Andere nicht-organische Schlaf-	G 25.8	Syndrom der unruhigen Beine
	störungen		(Restless legs-Syndrom)
F 51.9	Nicht näher bezeichnete nicht-	R 33.8	Primäre Enuresis nocturna
	organische Schlafstörungen	F 98.0	Sekundäre Enuresis nocturna

Tabelle 2:
Klassifikation der Schlafstörungen nach DSM-IV

I Primäre Schlafstörungen	II Schlafstörungen im Rahmen einer psychiatrischen Erkrankung	III Andere Schlafstörungen

Dyssomnien
 – Primäre Insomnie (307.42)
 – Primäre Hypersomnie (307.44)
 – Narkolepsie (347)
 – Atmungsgebundene Schlafstörung (780.59)
 – Schlafstörung mit Störung des zirkadianen Rhythmus (307.45)
    – verzögerte Schlafphase
    – Jet Lag
    – Schichtarbeit
    – Unspezifisch
 – Andernorts nicht spezifizierte Dyssomnie (307.47)
 	
 Parasomnien
 – Nächtliche Alpträume (307.47)
 – Pavor nocturnus (307.46)
 – Somnambulismus (307.46) (Schlafwandeln)
 – Andernorts nicht spezifizierte Parasomnie (307.47)
	– Insomnie im Rahmen einer Achse I/II-Störung (307.42)
	 – Hypersomnie im Rahmen einer Achse I/II-Störung (307.44)
		– Schlafstörung im Rahmen einer organischen Erkrankung (780.xx)
		 – Insomnie .52
		 – Hypersomnie .54
		 – Parasomnie .59
		 – Mischtypus .59
		 – Substanzinduzierte Schlafstörung
		 – Insomnie
		 – Hypersomnie
		 – Parasomnie
		 – Mischtypus (differenziert nach dem Beginn: während der Intoxikation/während der Entzugsphase)

Die beiden Systeme sind schwer miteinander vergleichbar und folgen verschiedenen Klassifikationsprinzipien. Die ICD-10 differenziert in die organischen und die nicht-organischen Schlafstörungen, während im DSM-IV die primären Schlafstörungen, die Schlafstörungen im Rahmen einer psychiatrischen Erkrankung und andere Schlafstörungen unterschieden werden.

In der ICD-10 können Insomnien nur unter der Diagnose „nicht-organische Insomnie" (F 51.0) verschlüsselt werden. Die Insomnien im Rahmen einer psychiatrischen oder organischen Erkrankung werden nicht gesondert klassifiziert, sondern unter die jeweilige Hauptdiagnose subsumiert. Im DSM-IV wird analog zur ICD-10 Diagnose „nicht-organische Insomnie" die „primäre Insomnie" verschlüsselt. Schlafstörungen bei psychischen oder organischen Störungen, die das Krankheitsbild beherrschen, können im Gegensatz zum ICD-10 gesondert verschlüsselt werden.

Tabelle 3:
Klassifikation der Dyssomnien (nach ICSD)

A) Intrinsische Schlafstörungen
1. Psychophysiologische Insomnie
2. Fehlbeurteilung des Schlafes
3. Idiopathische Insomnie
4. Narkolepsie
5. Rezidivierende Hypersomnie
6. Idiopathische Hypersomnie
7. Posttraumatische Hypersomnie
8. Obstruktives Schlafapnoe-Syndrom
9. Zentrales Schlafapnoe-Syndrom
10. Zentrales alveoläres Hyperventilationssyndrom
11. Periodische Bewegungen der Gliedmaßen
12. Restless Legs-Syndrom
B) Extrinsische Schlafstörungen
1. Inadäquate Schlafhygiene
2. Umweltbedingte Schlafstörung
3. Höhenbedingte Schlafstörung
4. Anpassungsbedingte Schlafstörung
5. Schlafmangelsyndrom
6. Schlafstörung aufgrund mangelnder Schlafdisziplin
7. Einschlafstörung durch Fehlen des gewohnten Schlafrituals
8. Insomnie bedingt durch Nahrungsmittel-Allergie
9. Schlafstörung bedingt durch nächtliches Essen oder Trinken
10. Schlafstörung bei Hypnotikaabhängigkeit
11. Schlafstörung bei Stimulanzienabhängigkeit
12. Alkoholinduzierte Schlafstörung
13. Toxisch induzierte Schlafstörung
C) Störungen des zirkadianen (Schlaf)Rhythmus
1. Schlafstörung bei Zeitzonenwechsel (Jet-Lag)
2. Schlafstörung bei Schichtarbeit
3. Unregelmäßiges Schlaf-Wach-Muster
4. Verzögertes Schlafphasensyndrom
5. Vorverlagertes Schlafphasensyndrom
6. Schlaf-Wach-Störung bei Abweichung vom 24-Stunden-Rhythmus

Neben der ICD-10 bzw. dem DSM-IV gibt es noch eine Klassifikation von Schlafstörungen für Schlafspezialisten, die ICSD (International Classification of Sleep Disorders, ICSD, 1990; deutsche Version: Schramm & Riemann, 1995). Die ICSD bietet für den Schlafspezialisten insgesamt 88 verschiedene Diagnosen und klassifiziert die Schlafstörungen in Dyssomnien, Parasomnien, Schlafstörungen bei körperlichen/psychiatrischen Erkrankungen und vorgeschlagene Schlafstörungen. In diesem Klassifikationssystem wird die Diagnosegruppe nicht-organische bzw. primäre Insomnie in weitere Subgruppen differenziert und im Hauptkapitel Dyssomnien aufgeführt (siehe Tab. 3).

Nach dieser Klassifikation werden die Dyssomnien in die intrinsischen und extrinsischen Schlafstörungen sowie die Störungen des zirkadianen (Schlaf-) Rhythmus differenziert. Als Subformen der primären bzw. nicht-organischen Insomnie werden die psychophysiologische Insomnie, die Fehlbeurteilung des Schlafs, inadäquate Schlafhygiene und umweltbedingte Schlafstörungen aufgeführt. Zudem werden Schlafstörungen bei Hypnotika-, Stimulanzien- bzw. Alkoholabhängigkeit gesondert berücksichtigt. Die psychiatrischen bzw. organisch bedingten Schlafstörungen werden im dritten Kapitel „Schlafstörungen bei körperlichen/psychiatrischen Erkrankungen" aufgeführt. Die Differenzierung der primären bzw. nicht-organischen Insomnie in der ICSD in verschiedene Untergruppen ist teilweise artifiziell und erweckt den Eindruck einer Vielfalt von Subformen der primären Insomnie, die sich nicht überlappen. Nach der klinischen Erfahrung ist dies jedoch nicht der Fall; in der Regel wird eine primäre Insomnie durch verschiedene Faktoren aufrechterhalten (siehe Kap. 2). Im folgenden erfolgt daher eine Orientierung an DSM-IV bzw. an der ICD-10, da diese diagnostischen Systeme am weitesten verbreitet sind.

Die operationalisierten Diagnosekriterien für die primäre bzw. nicht-organische Insomnie nach DSM-IV bzw. ICD-10 sind fast deckungsgleich (siehe Tab. 4).

Tabelle 4:
Diagnosekriterien für primäre Insomnien (DSM-IV)

A)	Die vorherrschende Beschwerde besteht in Einschlaf- oder Durchschlafschwierigkeiten oder nicht erholsamem Schlaf für mindestens einen Monat.
B)	Die Schlafstörung (oder damit assoziierte Tagesmüdigkeit) führt zu klinisch signifikantem Leiden oder Beeinträchtigungen in sozialen, beruflichen oder anderen wichtigen Funktionsbereichen.
C)	Die Schlafstörungen sind nicht ausschließlich zurückzuführen auf eine Narkolepsie, atmungsgebundene Schlafstörung, Schlafstörung mit Störung des zirkadianen Rhythmus oder eine Parasomnie.
D)	Die Schlafstörung ist nicht primär zurückzuführen auf eine psychiatrische Erkrankung (z. B. Major Depression, generalisierte Angststörung, Demenz etc.).
E)	Die Schlafstörung ist nicht direkt auf die Wirkung einer Substanz (Droge, Medikament) oder eine medizinische Erkrankung zurückzuführen.

4

DSM-IV und ICD-10 gehen gemeinsam von der Prämisse aus, daß zur Vergabe der Diagnose primäre bzw. nicht-organische Insomnie die vorherrschende Beschwerde über Ein- oder Durchschlafschwierigkeiten oder nicht erholsamen Schlaf für mindestens einen Monat bestehen muß. Zudem muß die Schlafstörung oder die damit assoziierte Tagesmüdigkeit zu klinisch signifikantem Mißbefinden oder Einschränkungen in sozialen, beruflichen oder anderen wichtigen Funktionsbereichen führen. Eine organische bzw. psychiatrische Ursache bzw. eine andere schlafspezifische organische Erkrankung als Ursache der Beschwerden muß ausgeschlossen werden, um diese Diagnose zu vergeben.

1.3 Differentialdiagnostische Aspekte

Die Differentialdiagnose der Insomnien ist ursachenorientiert und dient dazu, das Beschwerdebild Schlaflosigkeit bestimmten, möglicherweise zugrunde liegenden Faktoren zuzuordnen. Vorrangig zu nennen sind hier psychische Störungen, organische Erkrankungen, die Einnahme psychoaktiver Substanzen sowie psychophysiologische Faktoren, die den meisten primären Insomnien zugrunde liegen.

1.3.1 Insomnien bei psychischen Störungen

Tabelle 5:
Schlafstörungen bei psychischen Störungen (nach Benca et al., 1992)

Erkrankung	Beeinträchtigung der Schlafkontinuität	Tiefschlaf-reduktion	REM-Schlaf-Desinhibition	Hyper-somnie
Affektive Erkrankungen (Major Depression, Dysthymie)	+++	++	+++	+
Angststörungen	+	x	x	x
Alkoholismus	+	+++	+	x
Borderline-Störung	+	x	+	x
Dementielle Erkrankungen	+++	+++	x	+
Eßstörungen	+	x	x	x
Schizophrenie	+++	+	+	+

+++ bei fast allen Patienten vorhanden; ++ bei ca. 50 % der Patienten vorhanden;
  + bei 10–20 % aller Patienten vorhanden; x bisher nicht beschrieben

Die meisten psychischen Störungen, insbesondere die Depression (Überblick bei Riemann et al., 1994), können zu massiven Beeinträchtigungen des Schlafs führen. Tabelle 5 gibt einen Überblick über verschiedene psychische

Störungen und damit assoziierte Beeinträchtigungen der Schlafkontinuität, des Tiefschlafs und des REM-Schlafs.

Depression als Ursache für Isomnie

Affektive Erkrankungen, dementielle Störungen und Schizophrenien können zu erheblichen Beeinträchtigungen der Schlafkontinuität, d. h. zu Ein- und Durchschlafstörungen bzw. frühmorgendlichem Erwachen führen. Zudem kann es zu massiven Störungen des Tiefschlafs bzw. der REM-Schlaf-Regulation kommen (REM-Schlaf = Rapid-Eye-Movement-Schlaf). Aus diesem Grund ist im Rahmen der Diagnostik von Insomnien eine ausführliche Exploration hinsichtlich psychischer Störungen unumgänglich. Ist die Insomnie im Rahmen einer psychischen Störung entstanden, so können natürlich auch die später ausführlich erläuterten verhaltensmedizinischen Therapieansätze zur Behandlung der primären/nicht-organischen Insomnie eingesetzt werden. Diese Ansätze alleine werden jedoch nicht ausreichen, um z. B. eine zugrunde liegende depressive Störung psychotherapeutisch zu behandeln. Hier muß auf jeden Fall auf störungsspezifische Therapiemethoden wie etwa die kognitive Verhaltenstherapie der Depression (Hautzinger, 1998) oder die interpersonelle Psychotherapie (Schramm, 1996) zurückgegriffen werden. Spezifische, auf den Schlaf zentrierte Maßnahmen können und sollen jedoch adjuvant auch im stationären Rahmen eingesetzt werden.

Insomnie als Ursache für Depression

Eine wichtige, in diesem Kontext diskutierte Frage ist, ob nicht nur Insomnien als Folge bzw. Symptome einer depressiven Störung auftreten, oder ob auch ein umgekehrter Zusammenhang möglich ist, nämlich, daß als Folge einer chronifizierten, nicht adäquat bewältigten Insomnie Depressivität bis hin zur klinischen Depression auftreten kann. Mehrere neue Studien (Zusammenfassung bei Riemann und Berger, 1998) konnten überzeugend demonstrieren, daß nicht oder nur inadäquat behandelte chronische Insomnien, die initial ohne Depression begannen, später in eine Depression einmünde-

Prävention

ten. In diesem Kontext käme einer frühen Behandlung einer Insomnie ein hoher Stellenwert als Prävention im Hinblick auf psychische Folgeerkrankungen wie etwa Depression, zu. Ebenso ist zu bedenken, daß Insomnien häufig erstmals im Rahmen einer akuten psychischen Belastung bzw. psychischen Störung, z. B. depressiven Episode, auftreten, dann jedoch trotz Wegfall des Stressors oder der psychischen Störung persistieren. Auch in diesem Kontext sind die später ausführlich beschriebenen verhaltensmedizinischen Interventionen von großem Nutzen.

1.3.2 Insomnien bei organischen Störungen

Fast jede organische Erkrankung kann als Folge den Schlaf im Sinne einer Insomnie erheblich beeinträchtigen. Die wichtigsten Krankheitsbilder, die die Schlafqualität deutlich stören können, sind:
–   Herz- und Lungenerkrankungen
–   Chronische Nierenerkrankungen/Magen-Darm-Erkrankungen

6

- Endokrinologische Erkrankungen
- Chronischer Schmerz, z. B. bei rheumatischen Erkrankungen
- Maligne Erkrankungen und chronische Infektionen
- Epilepsien
- Extrapyramidalmotorische Erkrankungen
- Polyneuropathien

Eine Beeinträchtigung des Schlafs durch diese Erkrankungen ist auf mehreren Ebenen vorstellbar. Zum einen kann die organische Grunderkrankung
spezifische Veränderungen der Schlafregulation bewirken, z. B. kommt es
bei Patienten mit Niereninsuffizienz zu einer gehäuften Anzahl nächtlicher
periodischer Beinbewegungen, vergesellschaftet mit einem sogenannten
Restless Legs-Syndrom (= Syndrom der ,,unruhigen" Beine, gekennzeichnet durch Parästhesien in den Extremitäten und einen Bewegungsdrang).
Zum anderen können alle Erkrankungen, die mit Schmerzen einhergehen,
den Schlaf beeinträchtigen. Weiterhin sind schwerwiegende organische
Erkrankungen meist mit erheblicher Angst und Sorge verbunden, was als
psychologische Folge der Grunderkrankung den Nachtschlaf massiv stören
kann. Zudem können viele der gegen organische Erkrankungen verordneten
Pharmaka ihrerseits den Schlaf beeinträchtigen (siehe 1.3.3). Im Vordergrund der Behandlung von Schlafstörungen bei organischen Erkrankungen
steht die Behandlung der Grunderkrankung. Leider ist damit nicht in jedem
Fall, insbesondere dann nicht, wenn die verordnete Pharmakotherapie der
organischen Erkrankung unverzichtbar ist und als Nebenwirkung den Schlaf
stört, eine umfassende Verbesserung der Schlafstörung gewährleistet. Als
zusätzliche Maßnahme bieten sich die später ausführlich beschriebenen
verhaltensmedizinischen Maßnahmen zur Behandlung der primären/orga-
nischen Insomnie an.

1.3.3 Substanzinduzierte Schlafstörungen

Eine Vielzahl von zentral wirksamen Substanzen provoziert als Nebenwirkung Symptome einer Insomnie. Einerseits kann es sich bei diesen Substanzen um ärztlich verordnete Medikamente für eine bestimmte Grunderkrankung handeln, andererseits sind hier auch die gängigen Suchtmittel wie
Alkohol, Drogen etc. zu nennen. Differenziert werden muß, ob die begleitende Insomnie Folge eines akuten oder chronischen Substanzgebrauchs
bzw. eines Entzugseffektes ist. Tabelle 6 gibt einen Überblick über die
zentralnervös wirksamen Substanzen, die als Nebenwirkung Schlafbeschwerden auslösen können.

Tabelle 6:

Zentralnervös wirksame Substanzen, die mit Insomnie einhergehen können

1.	Hypnotika (Benzodiazepine, Barbiturate) – Rebound-Insomnie/Hangover
2.	Antihypertensiva (z. B. β-Blocker) und Asthma-Medikamente (Theophyllin, β-Sympathikomimetika)
3.	Hormonpräparate (z. B. Thyroxin, Steroide etc.)
4.	Antibiotika (z. B. Gyrasehemmer)
5.	Nootropika (z. B. Piracetam)
6.	Diuretika
7.	Antriebssteigernde Antidepressiva (z. B. MAO-Hemmer, Serotonin-Reup-take-Hemmer)
8.	Alkohol und andere Rauschmittel
9.	Stimulierende Substanzen (Koffein und synthetische Substanzen, z. B. Amphetamine, Ecstasy etc.)

Absetzversuch als Therapie

Idealerweise läßt sich die Hypothese, ob eine Schlafstörung substanzinduziert ist, durch ein Absetzen der betreffenden Substanz prüfen. Kommt es darunter zu einer Remission bzw. zum Sistieren der Symptomatik, bestehen wenig Zweifel daran, daß die Beschwerden über Schlaflosigkeit durch die spezifische Substanz verursacht wurden. Entsprechendes läßt sich natürlich auch bei Schlafstörungen im Rahmen einer Substanzabhängigkeit, z. B. Alkohol oder Drogen, prüfen. Allerdings wird dies nur möglich sein, wenn die Betroffenen mit einer Entzugsbehandlung einverstanden und dafür motiviert sind. Zudem ist anzumerken, daß nicht nur der Abusus von Alkohol und Drogen den Schlaf massiv stören kann, sondern daß ebenso der nicht süchtige Gebrauch von Alkohol bereits zu Schlafstörungen führt. Auch hier läßt sich die Hypothese einer Verursachung durch ein Absetzen des Alkohols über mehrere Wochen prüfen.

Hypnotika als Ursache für Insomnien

Paradox mag auch erscheinen, daß an erster Stelle in Tabelle 6 Hypnotika als Substanzen aufgeführt sind, die als Nebenwirkung Schlafstörungen auslösen können. Dies trägt der Tatsache Rechnung, daß inzwischen bekannt ist, daß die in der Insomniebehandlung am meisten eingesetzten Präparate, nämlich die Benzodiazepin-Hypnotika, initial und kurzfristig zwar sehr wirksam sind, bei längerfristiger Einnahme jedoch mit Risiken wie Toleranz- und Abhängigkeitsentwicklung, Hang-Over-Effekten und Rebound-Insomnie verbunden sind (siehe z. B. Borbély, 1986; Dressing & Riemann, 1994). Eine ausführliche Darstellung dieses Problemkomplexes erfolgt in Kapitel 5.

Die Behandlung einer substanzinduzierten Schlafstörung kann dann problematisch werden, wenn die Symptomatik als Folge einer medikamentösen Therapie auftritt, die für den Patienten vital notwendig ist. In diesem Fall ist eine Aufklärung über die möglichen Nebenwirkungen der Behandlung unverzichtbar, um den Patienten nicht zu verunsichern. Je nach Einzelfall muß man sich zudem dafür entscheiden, entsprechende medikamentöse und nicht-medikamentöse Therapiemaßnahmen, wie später dargestellt, zusätzlich einzusetzen.

8

1.3.4 Nicht-organische/primäre Insomnien

Um die Diagnose einer nicht-organischen bzw. primären Insomnie zu stellen, muß eine organische bzw. psychische Störung als Ursache ausgeschlossen sein. Ebenso muß ausgeschlossen werden, daß die Insomnie durch die Einnahme einer bestimmten Substanz bzw. eine Substanzabhängigkeit verursachen wird. Um dies zu gewährleisten, können die später im Kapitel 1.7 beschriebenen diagnostischen Verfahren und Hilfen eingesetzt werden. Die Diagnose der primären Insomnie ist jedoch keine reine Ausschlußdiagnostik, sondern einer primären bzw. nicht-organischen Insomnie liegt meist ein spezifisches psychophysiologisches Bedingungsgefüge zugrunde, das positiv bestätigt werden muß. Entsprechende Modelle der primären/nicht-organischen Insomnie werden im Kapitel 2 dargestellt. Ein Modell sowie eine Checkliste aufrechterhaltender Faktoren für eine primäre Insomnie sind auf der beiliegenden Einsteckkarte aufgeführt.

Psycho-physiologisches Modell

Häufig werden bei Insomnie-Patienten eindeutige Zuordnungen zu den Bereichen psychisch/organisch/substanzinduziert/primär nicht möglich sein, denn in vielen Fällen kann eine Insomnie durch mehrere Faktoren verursacht werden. Z. B. kann eine Insomnie erstmalig im Rahmen einer schwerwiegenden körperlichen Erkrankung auftreten, die neben nächtlich auftretenden Schmerzen auch mit erheblichem psychischem Leid verbunden ist. Tritt infolge Depressivität auf, wird dies zu einer weiteren Störung des Schlafs führen. Selbst dann, wenn die zugrunde liegende organische Erkrankung erfolgreich therapiert wurde, kann die Insomnie persistieren, wenn der oder die Betroffene im Rahmen der organischen Erkrankung gezwungen war, die körperliche Aktivität massiv einzuschränken oder z. B. auch tagsüber Bettruhe einzuhalten. Die Persistenz einer Insomnie nach Behandlung der zugrunde liegenden organischen Erkrankung ist dann über Verhaltensfaktoren zu erklären, die konsequent im Rahmen der Therapie in den Vordergrund gestellt werden müssen. Ebenso sind eine Vielzahl anderer Kombinationsmöglichkeiten zur Auslösung und Aufrechterhaltung einer Insomnie zwischen den verschiedenen angeführten Faktoren möglich.

Insomnie oft multifaktoriell

1.4 Epidemiologie

Die Ergebnisse epidemiologischer Studien aus den letzten beiden Jahrzehnten weisen darauf hin, daß Insomnien in westlichen Industrienationen ein sehr häufiges Gesundheitsproblem darstellen. Weyerer und Dilling (1991) haben die bis zum damaligen Zeitpunkt vorliegenden epidemiologischen Studien zusammengefaßt und kommen zu dem Schluß, daß repräsentativen Umfragen zufolge etwa 15–35 % der erwachsenen Bevölkerung an einer

Insomnien sind sehr häufig

9

Insomnie leiden. In einer in ihrem Artikel dargestellten repräsentativen Feldstudie in Oberbayern konnten Weyerer und Dilling zeigen, daß 28,5 % der Befragten an einer mittelschweren bis schweren Schlafstörung litten.

Mannheimer Hausarzt-Studie

Sowohl Häufigkeit als auch Art der Behandlung von Schlafstörungen in der allgemeinärztlichen Praxis zu untersuchen, war Ziel einer eigenen Studie in Mannheim (Hohagen et al., 1993, 1994). Dabei wurden insgesamt 2512 Patienten im Alter von 18–65 Jahren erfaßt, die ihren Hausarzt wegen eines Gesundheitsproblems konsultierten. Neben demographischen Daten wurden in dieser Studie Schlafgewohnheiten und Schlafprobleme sowie der Gebrauch von Hypnotika vom Patienten erhoben. Zudem gab der Hausarzt Informationen über körperliche und psychische Störungen, die Verschreibung von Medikamenten, die Häufigkeit der Arztkonsultation und die eventuelle Diagnose einer Schlafstörung. Die Patienten, die zum ersten Meßzeitpunkt an einer Insomnie nach DSM-III-R-Kriterien litten (diese Kriterien sind weitgehend mit DSM-IV- bzw. ICD-10-Kriterien vergleichbar), wurden vier Monate später nochmals mit demselben Untersuchungsinventar befragt. Folgende Ergebnisse fanden sich:

– Schlafstörungen entsprechend den Kriterien des DSM-III-R mit einer Beeinträchtigung des Schlafs und der Tagesbefindlichkeit treten häufig in der allgemeinärztlichen Praxis auf. Etwas mehr als 20 % aller Patienten, die ihren Hausarzt konsultierten, leiden unter ausgeprägten Schlafstörungen, die in der Regel (bei ca. 75 % der Patienten) mehr als ein Jahr andauern. Es besteht eine deutliche Alterszunahme in der Häufigkeit von Schlafstörungen; Frauen sind häufiger als Männer von Schlafstörungen betroffen.

– Es besteht eine hohe Komorbidität von Schlafstörungen mit chronischen körperlichen und psychischen Störungen (insbesondere Depression).

– Die Standardbehandlung von Insomnien in der Allgemeinarztpraxis besteht in der Verschreibung der klassischen Benzodiazepin-Hypnotika, die oft über mehrere Monate bzw. Jahre verordnet werden. In unseren Follow-up-Untersuchungen zeigte sich, daß die Langzeitbehandlung der Schlafstörung mit Benzodiazepinen nicht zu einer langfristigen Besserung der Insomnie führt. Möglicherweise stellen Absetz- und Rebound-Phänomene einen Risikofaktor für eine Perpetuierung des Schlafmittelgebrauchs dar.

– Nur etwa in 40 % aller Fälle war dem Hausarzt bekannt, daß bei seinem Patienten eine ausgeprägte Schlafstörung vorlag. Dies mag darauf zurückzuführen sein, daß entweder diese Schlafstörungen häufig vom Patienten nicht geschildert oder als berichtenswert angesehen werden bzw. Allgemeinärzte nicht gezielt nachfragen, ob eine Schlafstörung vorliegt.

In einer Folgeuntersuchung zu dieser Studie in Freiburger und Göttinger Allgemeinarztpraxen konnten wir die Ergebnisse unserer ersten Studie in Mannheim größtenteils replizieren (Backhaus et al., 1998).

Die genannten Untersuchungen, deren Ergebnisse mit denen aus anderen in Deutschland durchgeführten Studien konvergieren (z. B. Simen et al., 1995), lassen jedoch einige wichtige Fragen offen:

- Unklar ist, ob die etwa bei einem Fünftel der Bevölkerung in Deutschland vorhandenen Schlafstörungen immer Krankheitswertigkeit besitzen. Neuere Untersuchungen kommen zu dem Schluß, daß unter Einbeziehung strikterer Kriterien nur etwa ein Viertel der Personen, die gestörten Schlaf schildern, auch darunter leiden (Ohayon et al., 1997).
- Völlig offen ist zur Zeit auch die Frage, wie sich die große Zahl der Insomnie-Patienten auf die verschiedenen Faktoren psychisch, organisch, substanzabhängig bzw. primär bedingt aufteilt. Entsprechende epidemiologische Untersuchungen, die eine Differenzierung nach der Ursache der Insomnie erlauben, wurden bisher nicht durchgeführt. Es liegen hierzu ausschließlich Daten aus schlafmedizinischen Zentren vor, die darauf hinweisen, daß etwa bei einem Fünftel der in schlafmedizinischen Zentren untersuchten Insomnie-Patienten eine primäre Insomnie vorliegt, während bei den übrigen Patienten organische bzw. psychische Störungen als Ursachen festzustellen sind (Überblick bei Hajak & Rüther, 1995).

1.5 Verlauf und Prognose

Epidemiologische Studien zeigen, daß Insomnien häufig chronisch verlaufen. In unserer eigenen Mannheimer Allgemeinarztstudie zeigte sich, daß mehr als 75 % der Insomniepatienten bereits ein Jahr und länger unter ihrer Insomnie litten; dieses Ergebnis bestätigte sich in der Freiburg/Göttinger Hausarztstudie (Backhaus et al., 1998).

Insomnien meist chronisch

Bis heute liegen nur wenige prospektive Untersuchungen vor, die den Verlauf und die Prognose von primären/nicht-organischen Insomnien untersucht haben. Es wurde in verschiedenen Studien festgestellt, daß eine chronische Insomnie das Risiko deutlich erhöht, später an einer psychischen Störung, insbesondere an Depression, Angststörung oder Alkoholabhängigkeit, zu erkranken (Ford & Kamerow, 1989; Livingston et al., 1993; Breslau et al., 1996; Chang et al., 1997). Daher ist zu vermuten, daß eine möglichst frühzeitige und adäquate Therapie der Insomnie auch eine Prävention vor späteren psychiatrischen Komplikationen darstellt.

erhöhtes Depressionsrisiko

Zudem ist es fraglich, ob die Therapie der Insomnie mit Benzodiazepin-Hypnotika selbst wiederum ein Risiko für die Chronifizierung darstellt. Erklären ließe sich dies durch die den Benzodiazepin-Hypnotika eigenen Risiken wie etwa Toleranz- und Abhängigkeitsentwicklung, sowie Rebound-Insomnie-Phänomene beim Absetzen der Benzodiazepine, die die Patienten möglicherweise immer wieder dazu veranlassen, die Medikamen-

Risiken der Hypnotika

11

te einzunehmen, ohne adäquate Maßnahmen auf Verhaltensebene gegen ihre Insomnie einzuleiten.

Prognostisch gesehen besteht also bei einer Insomnie ein erhöhtes Risiko, später an einer psychischen Störung, insbesondere Depression, zu erkranken bzw. einen Mißbrauch von Hypnotika bzw. Alkohol zu entwickeln.

Berichtet wurden auch Zusammenhänge zwischen verkürzter Schlafzeit und einem erhöhten Risiko, organische Erkrankungen zu entwickeln, bzw. einer verkürzten Lebensdauer. Diese Daten müssen jedoch kritisch gesehen werden, da die Untersuchungen, die diese Befunde lieferten, meist nur auf Querschnittanalysen basierten. Somit kann nicht ausgeschlossen werden, daß Patienten mit organischen Erkrankungen aufgrund ihrer organischen Erkrankung schlechter und weniger schlafen und deswegen eine verkürzte Lebensdauer haben, nicht jedoch wegen ihres verkürzten Schlafes.

1.6 Komorbidität

Es ist gesichert, daß bei depressiven Störungen fast ausnahmslos als Symptom Störungen der Schlafkontinuität mit Einschlaf- und Durchschlafstörungen sowie frühmorgendlichem Erwachen auftreten (siehe z. B. Riemann et al., 1994). Ähnliches gilt auch für fast alle Abhängigkeitserkrankungen, insbesondere den Alkoholmißbrauch und die Alkoholabhängigkeit. Auf der anderen Seite konnte, wie im vorhergehenden Kapitel aufgeführt, gezeigt werden, daß bei einer primären Insomnie, ohne daß zum ersten Untersuchungszeitpunkt irgendwelche Hinweise auf eine Depression vorliegen, ein erhöhtes Risiko besteht, später an einer Depression zu erkranken. Auch für Angststörungen besteht ein erhöhtes Komorbiditätsrisiko. Zudem besteht ein erhöhtes Risiko bei Insomniepatienten, Alkohol bzw. Hypnotika zu ge- und mißbrauchen und damit zusätzlich eine sekundäre Abhängigkeit zu entwickeln.

Untersuchungen in schlafmedizinischen Zentren an Insomnie-Patienten zeichnen folgendes Bild (nach Hajak & Rüther, 1995): Bei etwa 10 % aller Insomnie-Patienten, die im Schlaflabor untersucht wurden, lag ein Substanzabusus bzw. eine Abhängigkeit vor. Bei ca. 5 % ließen sich organische Erkrankungen als Ursache feststellen, bei ca. 20 % aller Fälle lag eine schlafspezifische organische Verursachung vor, nämlich nächtliche periodische Beinbewegungen, ein Schlaf-Apnoe-Syndrom oder das Restless-Legs-Syndrom. Bei mehr als einem Drittel aller Fälle ließ sich eine zugrunde liegende psychiatrische Störung eruieren, während bei etwa 20 % aller Fälle eine psychophysiologische/primäre Insomnie vorlag. In etwa 10 % aller Fälle wurde eine Mischform diagnostiziert.

Beachte: Die hohe Komorbidität von Insomnien mit organischen bzw. psychischen Störungen und Substanzgebrauch bzw. -mißbrauch legt es ausdrücklich nahe, dem diagnostischen Prozeß vor Einleitung einer jeglichen Behandlung, insbesondere der Erfassung organischer bzw. psychischer Störungen, einen hohen Stellenwert einzuräumen!

1.7 Diagnostische Verfahren und Dokumentationshilfen

Eine ausführliche Darstellung des diagnostischen und differentialdiagnostischen Prozesses bei Insomnien findet sich in Kapitel 3. Im folgenden soll ausschließlich auf diagnostische Verfahren und Dokumentationshilfen nicht-apparativer Art eingegangen werden. Dazu zählen strukturierte Interviews, Schlaf-Fragebögen und Schlaftagebücher.

Bisher existiert nur ein einziges strukturiertes Interview zur Erfassung von Schlafstörungen (Schramm et al., 1993). Das SIS-D (Strukturiertes Interview zur Erfassung von Schlafstörungen nach DSM-III-R) orientiert sich an den Kriterien des DSM-III-R und erlaubt somit die Differenzierung einer Insomnie in organisch, psychisch oder primär bedingt.

Strukturiertes Interview

Ein unverzichtbares Element in der Diagnostik und Therapie von Insomnien sind Schlaftagebücher. Schlaftagebücher dienen der täglichen, meist morgendlichen Erfassung der Schlafqualität. Die meisten Schlaftagebücher beinhalten Fragen zur generellen Schlafqualität, zur Einschlaflatenz, zur Häufigkeit nächtlicher Wachperioden, zu kognitiven Prozessen während der Wachliegezeit und zum frühmorgendlichen Erwachen. Ein exemplarisches Beispiel eines Schlaftagebuches findet sich im Anhang (siehe S. 82f.). Zudem sollte ein Schlaftagebuch Fragen nach dem Tagschlaf und zur Tagesbefindlichkeit enthalten. Darüber hinaus bietet es sich an, im Rahmen des Schlaftagebuches die Medikamenteneinnahme bzw. den Alkoholkonsum, Kaffeekonsum usw. mitzuerfassen. Weiterhin sollte die Möglichkeit bestehen, besonders belastende Erlebnisse des Vortags kurz zu dokumentieren. Das Schlaftagebuch wird sowohl in der Diagnostik als auch in der Therapieverlaufsmessung eingesetzt. Es erlaubt dem Untersucher einen schnellen Überblick über die Symptomatik. Darüber hinaus kann das Schlaftagebuch durch die Protokollierung von Tagesereignissen Zusammenhänge zwischen diesen und der Schlafqualität deutlich machen. Beim Ausfüllen des Schlaftagebuchs ist es wichtig, die Patienten zu instruieren, nicht etwa mit der Uhr in der Hand den Schlaf zu beurteilen. Wichtig ist, daß die Patienten am Morgen ausdrücklich ihren subjektiven Eindruck wiedergeben. Im Rahmen der Therapieverlaufsmessung erlaubt das Schlaftagebuch sowohl dem Therapeuten als auch dem Patienten, Veränderungen schnell und unmittelbar festzustellen. Mit Hilfe grafischer Darstellungen können Parameter wie Einschlaflatenz, generelle Schlafqualität usw. dem Patienten auch optisch rückgemeldet werden.

Schlaftagebuch: unersetzlich in Diagnostik und Therapie

Im deutschsprachigen Raum stehen für Schlafstörungen spezifische Selbst-
beurteilungsverfahren, der Schlaffragebogen A und B von Görtelmeyer
(1986) sowie die visuellen Analogskalen zur Erfassung der Schlafqualität
(Ott et al., 1986) zur Verfügung.

Der Schlaffragebogen A (SF-A) kann jeden Morgen ausgefüllt werden; er
enthält 22 Fragen zur Einschlafzeit, zur Anzahl und Dauer nächtlicher
Schlafunterbrechungen, zu neurophysiologischen Phänomenen während
des Schlafes, zur Schlafqualität und Befindlichkeit am Vortag und am
Morgen. Der Schlaffragebogen B (SF-B) erhebt Daten zu schlafrelevanten
Ereignissen während der letzten beiden Wochen. Mit 28 Items wird inhalt-
lich das Gleiche wie beim SF-A erfragt. Sowohl SF-A als auch SF-B
genügen testtheoretischen Kriterien. Die Ergebnisse einer Faktorenanalyse
erbrachten für beide Schlaffragebögen folgende Faktoren:
- SQ   = Schlafqualität
- GES   = Gefühl des Erholtseins nach dem Schlaf
- PSYA = Psychische Ausgeglichenheit am Abend
- PSYE = Psychische Erschöpftheit am Abend
- PSS   = Psychosomatische Symptome

Die visuellen Analogskalen zur Erfassung der Schlafqualität (Ott et al.,
1986) gliedern sich in zwei Teilbereiche: die VIS-M wird nach dem Früh-
stück ausgefüllt und betrifft eine allgemeine Beurteilung der Nacht (Schlafqualität) und des Frischegefühls am Morgen (z. B. hang-over). Die anderen
Items erfragen Einschlaf-, Aufwach- und Durchschlafzeiten, das Auftreten
von Alpträumen und die Hypnotikaeinnahme.

Die VIS-A wird abends vor dem Zubettgehen erhoben. Die ersten vier Items
dieser Skala erfassen mit visuellen Analogskalen Spannungsgefühle, Sedie-
rungsnachwirkungen, die Selbsteinschätzung der Antriebs- und Konzentra-
tionslage u. a. m. Besonders geeignet sind diese Fragebogen zur Erhebung von
Pharmakaeffekten und zur Therapiekontrolle bei Einnahme von Hypnotika.

Ein umfassendes Instrument zur Erfassung von Schlafstörungen stellt der
Pittsburgher Schlafqualitätsindex (Buysse et al., 1989) dar. Dieser Schlaffragebogen zielt auf Schlaf und Schlafstörungen in den letzten 4 bzw. 2 Wochen. Der
Bogen umfaßt 19 Selbstbeurteilungsfragen sowie 5 Fragen, die von einem
Partner oder Mitbewohner beurteilt werden sollen. Die 19 Selbstbeurteilungsfragen werden zu Komponenten kombiniert, von denen jede einen Wert zwischen 0 und 3 Punkten annehmen kann. Ein Wert von 0 bedeutet „keine
Schwierigkeiten", ein Wert von 3 „große Schwierigkeiten". Nach einem bestimmten Algorithmus werden die Ergebnisse der Fragen addiert.

Ein Punktwert von 0 bedeutet keinerlei Schwierigkeiten, der Maximalwert
von 21 bedeutet ausgeprägte und massive Schlafstörungen. Der PSQI bietet
zudem folgende Subskalen an:

- Subjektive Schlafqualität
- Schlaflatenz
- Schlafeffizienz
- Schlafstörungen
- Schlafmittelkonsum
- Tagesmüdigkeit

Der PSQI samt Auswertungsanleitung findet sich im Anhang (siehe S. 75ff. und S. 79ff.).

2 Störungstheorien und Modelle der primären Insomnie

● *Erhöhtes physiologisches Aktivierungsniveau*

Mehrere Studien wiesen nach, daß bei Patienten mit Insomnien eine gesteigerte physiologische Aktivierung mit erhöhter Herzfrequenz, verringertem Hautwiderstand, erhöhtem Muskeltonus und erhöhter Körpertemperatur vorliegt. Neuere Untersuchungen konnten außerdem zeigen, daß Insomnie-Patienten vermehrt Kortisol ausschütten. Für dieses Hyperarousal-Konzept spricht zudem, daß Patienten mit primärer Insomnie trotz subjektiv empfundenen schlechten Nachtschlafs am Tag zwar starke Müdigkeit bzw. Erschöpftheit empfinden, aber in der Regel trotzdem tagsüber nicht schneller einschlafen können als Gesunde. Auch subjektiv zeigt sich eine erhöhte körperliche Anspannung: bei einer Befragung von Nicassio et al. (1985) wurden Insomniker und gute Schläfer nach subjektiven und körperlichen Empfindungen befragt, wobei sich zeigte, daß die Schlafgestörten ein signifikant höheres körperliches Aktivierungsniveau während des Einschlafens empfanden als Personen ohne Schlafstörung. Unklar ist allerdings, ob es sich bei diesem Hyperarousal um die Ursache oder nur um eine Folge bzw. Begleiterscheinung der Insomnie handelt. Die Erkenntnisse über das Hyperarousal bei Insomnie-Patienten haben zur breiten Anwendung der verschiedensten Entspannungstechniken in der Insomnietherapie geführt.

● *Lernvorgänge*

Wie für viele andere menschliche Verhaltensweisen gültig, wird auch das Schlafverhalten durch mannigfaltige Lernvorgänge beeinflußt. Der wichtigste Vertreter einer Konditionierungstheorie zwischen Bett und Schlaf ist Bootzin (1991). Er postuliert, daß Schlafstörungen durch Konditionierungsprozesse entstehen, vor allem aber durch sie aufrechterhalten werden. Nach dieser „stimulusorientierten" Theorie stellen normalerweise Schlafzimmer und Bett

15

diskriminative Hinweise für Müdigkeit und Schlaf dar. Werden in dieser Umgebung aber häufig andere Aktivitäten ausgeführt (wie für Schlafgestörte typisch), wie etwa Grübeln, Essen, Fernsehen etc., kann die Schlafumgebung zum Hinweisreiz für die genannten Aktivitäten werden und somit ihre Stimulusqualität für Müdigkeit und Schlaf verlieren. Das Bett wird damit zum Hinweisreiz für Wachheit statt Müdigkeit und zum aufrechterhaltenden Faktor einer Schlafstörung. Postuliert wird auch, daß durch die typische Erfahrung des Schlafgestörten, im Bett nicht schlafen zu können, bzw. zu grübeln und sich über die Schlaflosigkeit zu ärgern, das Bett zu einem aversiven Hinweisreiz wird, der trotz Müdigkeit immer wieder entsprechende emotionale und gedankliche Prozesse in Gang setzt. Gestützt wird diese Annahme dadurch, daß Schlafgestörte teilweise in fremder Umgebung besser als zuhause schlafen und sich z. B. auch im Schlaflabor eine Umkehrung des sogenannten „First Night"-Effektes zeigt: während gesunde Probanden im Schlaflabor häufig in der ersten Nacht schlechter als in der zweiten Nacht schlafen, ist dies bei schlafgestörten Patienten nicht selten umgekehrt, d. h., die erste Labornacht fällt besser als die meisten Nächte zuhause aus. Dieser Effekt kommt möglicherweise dadurch zustande, daß schlafgestörte Menschen im Schlaflabor nicht wie sonst die Erwartungsangst haben, nicht schlafen zu können, sondern vielmehr ihren schlechten Schlaf diagnostizieren lassen, wodurch der Mechanismus der sich selbsterfüllenden Prophezeiung durchbrochen und der Schlaf verbessert wird.

- *Dysfunktionale Verhaltensweisen/fehlende oder falsche Informationen über Schlaf und Schlafhygiene*

Zu den sogenannten schlafhygienischen Regeln zählt man Verhaltensregeln zum Ausschluß schlafbeeinträchtigender und zur Förderung schlafbegünstigender Verhaltensweisen. Hierzu gehören beispielsweise Hinweise zur Schlafumgebung, zur Reduktion von Alkohol und Koffein und zur Aufnahme von sportlicher Betätigung. Es ist anzunehmen, daß bei einigen Schlafgestörten eine Verletzung der schlafhygienischen Regeln zur Auslösung und Aufrechterhaltung der Schlafstörung beiträgt.

- *Persönlichkeitsfaktoren*

Eine Vielzahl von Studien befaßte sich mit den Persönlichkeitseigenschaften von schlafgestörten Patienten und deren Zusammenhänge mit dem Schlafverhalten. In der Regel handelt es sich dabei jedoch um Querschnittsstudien, so daß Rückschlüsse auf kausale Zusammenhänge schwierig sind. Zusammenfassend läßt sich sagen, daß Insomnie-Patienten höhere Werte in den Variablen Depressivität, Angst, Neurotizismus, Ärger und Grübeln aufwiesen. Im deutschsprachigen Raum wurden mit dem FPI Korrelationen zwischen Schlafstörung und Depressivität, Gehemmtheit und Neurotizismus festgestellt. Zudem ergab sich, daß sich Schlafgestörte mehr mit ihrem

16

Schlaf auseinandersetzen als Nicht-Schlafgestörte. Sie können weniger abschalten, haben die Tendenz, Probleme überzubewerten, Konflikte eher zu internalisieren und sind weniger in der Lage, negative Gefühle zu äußern.

- *Kognitive Faktoren*

Grübeln, Nicht-Abschalten-Können, Nachdenken über den Schlaf, die Schlafstörung und ihre Konsequenzen – diese Kognitionen zählen zu den stärksten aufrechterhaltenden Faktoren für eine primäre/psychophysiologische Insomnie. Zusammenhänge zwischen kognitiven Faktoren und Schlafstörung haben inzwischen viele Studien belegt. Insomnie-Patienten berichten häufig von sich aufdrängenden Gedanken, die besonders im Bett auftreten, die sie nicht beeinflussen können und die das Einschlafen oder das Durchschlafen behindern. Diese Gedanken werden häufig von starken Emotionen, wie etwa Ärger und Angst, begleitet.

Kognitive Anspannung/Grübeln: Schlafgestörte empfinden ihre kognitiven Aktivitäten während des Einschlafens anders als Gesunde und interpretieren diese eher als Wachsein und weniger als Schlaf. Darüber hinaus gaben in vielen Studien Insomniker, nach dem Einschlafprozeß befragt, an, vor allem unter starker kognitiver Anspannung, Erregung und Nicht-Abschalten-Können zu leiden.

Einstellungen und Attributionen: Im Hinblick auf Attributionsstile konnte gezeigt werden, daß Schlafgestörte eher dazu neigen, Probleme als unkontrollierbar zu empfinden. Dies gilt besonders für den Bereich Schlaf bzw. Schlaflosigkeit, für den schlafgestörte Patienten signifikant häufiger Hilflosigkeit angeben als Schlafgesunde. Zudem neigen Insomnie-Patienten dazu, die Konsequenzen der Insomnie dramatischer als Schlafgesunde einzuschätzen, sie haben hohe Erwartungen an den Schlaf sowie Fehleinstellungen zu Maßnahmen, die den Schlaf fördern sollen.

Leistungsdruck: Im Sinne einer sich selbst erfüllenden Prophezeiung konnte bei vielen Insomnie-Patienten gezeigt werden, daß sie sich bezüglich ihres Schlafes unter hohen Leistungsdruck setzen. Dahinter steht oft die Befürchtung, daß gestörter Schlaf zu gestörter Tagesbefindlichkeit führt. Die willentliche Anstrengung zu schlafen kann dann im Sinne einer sich selbst erfüllenden Prophezeiung dazu führen, daß die Schlafstörung persistiert.

Die in diesem Kapitel aufgeführten möglichen Faktoren für gestörten Schlaf wurden in den letzten beiden Jahrzehnten von verschiedenen Autoren in komplexen Modellen zur Genese und Aufrechterhaltung von Insomnien integriert. Dazu zählen die Modelle von Thoresen et al. (1980), Schindler und Hohenberger (1982) sowie das mikroanalytische Insomnie-Modell von Morin (1993). Backhaus hat 1997 ein erweitertes kognitiv-behaviorales Modell vorgelegt, das die verschiedenen aufrechterhaltenden Faktoren integriert (siehe Abb. 1 und Einsteckkarte).

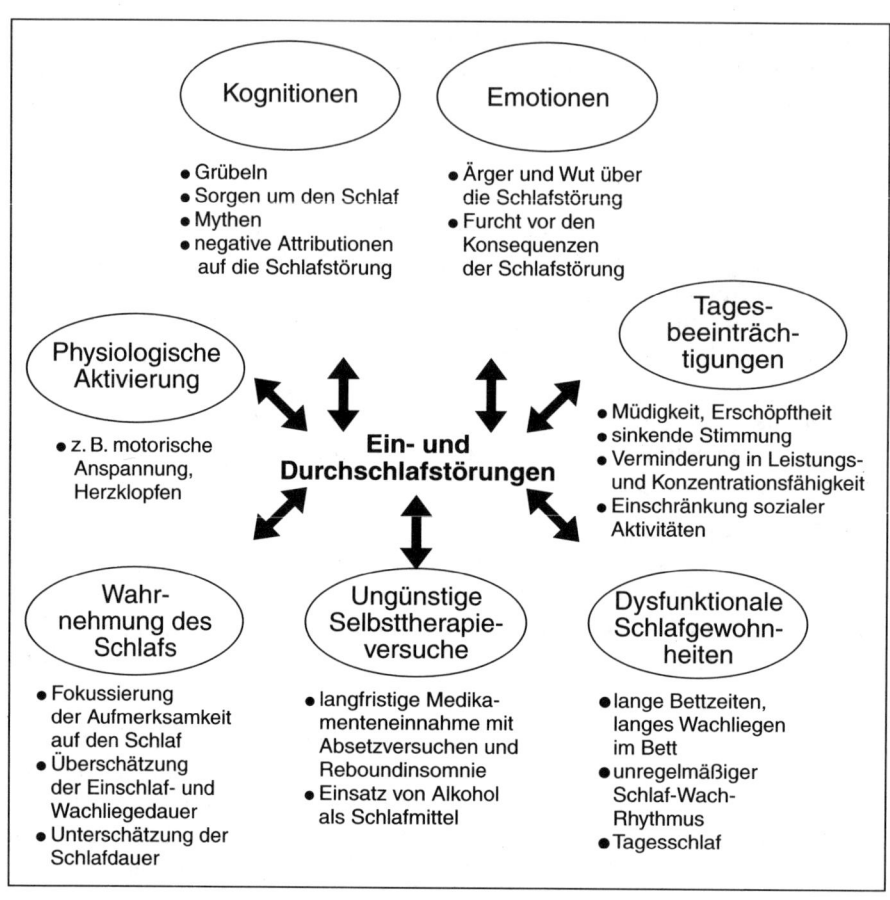

Abbildung 1:
Psychophysiologisches Bedingungsmodell der primären Insomnie
(nach Backhaus, 1997)

Neben den Faktoren physiologische Aktivierung, Kognitionen und Emotionen, Tagesbeeinträchtigung, schlafstörende Verhaltensweisen bezieht dieses Modell noch die Ebenen Wahrnehmung des Schlafs und Schlafmitteleinnahme/Alkoholkonsum mit ein. Die Integration des Faktors Schlafmitteleinnahme/Alkohol orientiert sich an der klinischen Praxis. Viele der schlafgestörten Patienten, die einen Psychiater oder klinischen Psychologen bzw. ein schlafmedizinisches Zentrum aufsuchen, haben bereits zwischen 10 und 15 Jahren chronifiziert Schlafstörungen und teils in Eigenregie, teils unter ärztlicher Verordnung Schlafmittel eingenommen. Bei der Behandlung von chronifizierten Insomnien muß deswegen auch häufig sehr ausführlich auf die Schlafmitteleinnahme bzw. auf den Umgang mit Schlafmitteln und das sinnvolle Absetzen dieser Präparate, insbesondere unter Berücksichtigung der Rebound-Effekte, eingegangen werden. Die Ebene Wahrnehmung des Schlafs zielt darauf ab, daß zwischenzeitlich gezeigt werden konnte, daß es

18

eine Untergruppe der Patienten mit primärer/psychophysiologischer Insomnie gibt, die im Schlaflabor nicht unterscheidbar von der Norm schlafen, subjektiv jedoch von einer ausgeprägten Schlafstörung berichten. Hier scheint eine Fehlwahrnehmung des Schlafs vorzuliegen, die möglicherweise auf erhöhter kognitiver Aktivität, auch während des Schlafes, beruht. Bei diesen Patienten empfiehlt es sich speziell, therapeutische Maßnahmen miteinzubeziehen, die auf die Wahrnehmung des Schlafs bzw. auf eine Korrektur der Fehlwahrnehmung des Schlafes abzielen.

Nicht bei jeder primären Insomnie sind alle Faktoren des erweiterten kognitiv-behavioralen Modells zu finden. Bei den meisten Patienten mit primärer Insomnie kann jedoch auf mehreren der angesprochenen Ebenen therapeutisch angesetzt werden.

3 Diagnostik und Indikation

Ein Überblick über den diagnostischen Prozeß bei Insomnien ist in Tabelle 7 dargestellt.

Tabelle 7:
Diagnostisches Vorgehen bei Insomnien.

1. Körperliche Anamnese/Diagnostik

– frühere und jetzige körperliche Erkrankungen
– Medikamente, Alkohol, Nikotin, Drogen
– Labor, z. B. TSH, T_3, T_4
– EEG/EKG/ggf. CT des Schädels

2. Psychiatrische/psychologische Anamnese

– Jetzige bzw. frühere neurotische bzw. psychotische Erkrankungen
– Persönlichkeitsfaktoren
– Konflikte

3. Schlafanamnese

– Interview-Leitfaden nach DSM-III-R/-IV
– Schlaftagebuch
– Tagesbefindlichkeit
– Besondere Ereignisse/äußere Faktoren
– Fremdanamnese: Periodische Beinbewegungen/Atempausen/Schnarchen
– Vorgeschichte der Schlafstörungen
– Kindheit/Familienanamnese

4. Aktometrie

5. Polysomnographie

– Verdacht auf Schlafapnoe
– Verdacht auf Restless Legs-Syndrom/nächtliche periodische Beinbewegungen
– Chronische therapierefraktäre Insomnie

Vor Beginn der Behandlung einer Insomnie ist eine basale körperliche Anamnese und Diagnostik notwendig. Dabei sollte auf frühere und jetzige

Körperliche Anamnese und Untersuchung wichtig!

körperliche Erkrankungen, den Gebrauch von Medikamenten, Alkohol, Nikotin und Drogen eingegangen werden. Unter Umständen, d. h. bei bestimmten Verdachtsmomenten, sollten Laboruntersuchungen, insbesondere eine Bestimmung der Schilddrüsenparameter durchgeführt werden. Weiterführende apparative Untersuchungen wie etwa EEG, EKG oder eine Computertomographie des Schädels sind nur bei entsprechenden Verdachtsmomenten (z. B. Verdacht auf Epilepsie) durchzuführen.

Erfassung psychischer Störungen

Der Anamnese von zugrunde liegenden psychischen Faktoren bzw. Störungen kommt eine wichtige Bedeutung zu. Erfaßt werden müssen jetzige und frühere psychische Störungen, insbesondere affektive Störungen, Abhängigkeitserkrankungen usw. Eingegangen werden soll auch auf den Persönlichkeitsstil der Betroffenen sowie auf aktuell bestehende Konfliktsituationen, z. B. am Arbeitsplatz oder in der Partnerschaft, da hierin auslösende bzw. aufrechterhaltende Faktoren einer Insomnie liegen können.

Schlafanamnese

Kernpunkt der Diagnostik ist die Schlafanamnese. Im Rahmen der Schlafanamnese können strukturierte Interviews, Schlaffragebögen und Schlaftagebücher zum Einsatz kommen. Das zur Zeit einzig vorliegende strukturierte Interview zur Erfassung von Schlafstörungen wurde von Schramm et al. (1993) veröffentlicht und orientiert sich an den Kriterien des DSM-III-R, erlaubt somit die Differenzierung einer Insomnie in organisch/psychisch bzw. primär bedingt. Der dort vorgegebene Interviewleitfaden ist exemplarisch und kann sehr gut in der Diagnostik von Insomnien eingesetzt werden.

Darüber hinaus stehen zur Erfassung von Insomnien eine Vielzahl von Fragebögen, die das Schlafverhalten der vorangegangenen Wochen erfassen, zur Verfügung. Zur generellen differentialdiagnostischen Abklärung wird der Pittsburgher Schlaf-Qualitäts-Index (PSQI; Buysse et al., 1989) empfohlen. Dieser Fragebogen enthält zu allen Bereichen von Schlafstörungen Fragen und erlaubt somit dem Untersucher beim Erstgespräch eine grobe Orientierung. Eine deutsche Übersetzung und Auswertungsanleitung des PSQI findet sich in Riemann und Backhaus (1996) und im Anhang (siehe S. 75ff. und S. 79ff.). Der PSQI erfaßt die verschiedensten Bereiche des Schlafverhaltens und erfragt explizit schlafspezifische organische Ursachen wie nächtliche periodische Beinbewegungen bzw. Atemaussetzer. Der PSQI wurde sowohl an gesunden Schläfern als auch schlafgestörten Patienten erprobt und validiert. Ein Punktwert von mehr als 5 Punkten gilt als auffällig. Der PSQI erlaubt zudem eine Profilerstellung bezüglich Subskalen des Schlafverhaltens (siehe Abb. 2).

Schlaftagebuch unverzichtbar

Ein unverzichtbares Element in der Diagnostik und Therapieverlaufsmessung von Insomnien sind Schlaftagebücher. Das Schlaftagebuch dient der täglichen Protokollierung des Schlaf-Wach-Verhaltens und bestimmter Ereignisse während des Tages. Ein Beispiel für ein Schlaftagebuch ist im Anhang (siehe S. 82f.) dargestellt.

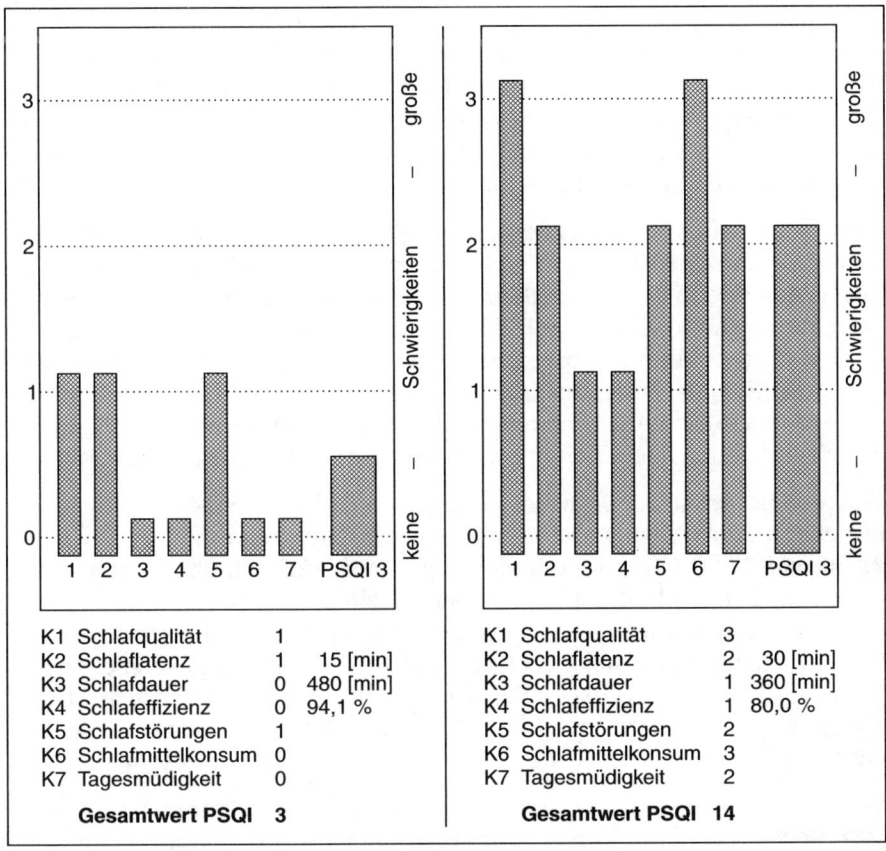

Abbildung 2:
Vergleich der PSQI-Werte eines gesunden Schläfers (links)
und eines schlafgestörten Patienten (rechts)

Neben der Diagnostik und Therapieverlaufsmessung dient das Schlaftagebuch einer weiteren wichtigen Funktion. Durch die regelmäßige Protokollierung ihres Schlaf-Wach-Rhythmus können viele Patienten zu dem Schluß
kommen, generalisierte negative Urteile über ihren Schlaf von selbst zu
relativieren. So wird aus dem Schlaftagebuch deutlich, daß Einschätzungen
wie etwa „Ich habe die ganze Woche kein Auge zugetan" häufig übertrieben
sind und in der Regel auf 1 bis 3 schlechte Nächte auch wieder eine gute
Nacht folgt. Das Schlaftagebuch schärft zudem durch das gleichzeitige
Protokollieren von Tagesereignissen den Blick der Patienten für Zusammenhänge zwischen dem Verhalten während des Tages und dem Schlaf. Aussagen von Patienten wie „Meine Schlafstörung kommt aus heiterem Himmel,
dafür gibt es keinen Grund" können so schnell relativiert werden. Somit ist
das Schlaftagebuch ein unverzichtbares Element sowohl in der Diagnostik
als auch in der Therapie schlafgestörter Patienten. Beim Ausfüllen des
Schlaftagebuches ist es wichtig, die Patienten zu instruieren, nicht etwa mit

der Uhr in der Hand ihren Schlaf zu beurteilen bzw. Einschlafzeiten und nächtliche Wachperioden zu „messen". Es geht lediglich darum, ausdrücklich den subjektiven Eindruck am Morgen wiederzugeben, d. h., es sollen nur ungefähre Schätzungen abgegeben werden. Anstelle von Zeitangaben für Einschlafzeiten oder die Schlafdauer kann man auch kategoriale Schätzungen anhand einer Rating-Skala vornehmen lassen.

Aktometrie Die Aktometrie, die Bewegungsmessung, ist ein relativ neues und in der klinischen Praxis bisher noch nicht weit verbreitetes Verfahren. Das Aktometer, das wie eine Armbanduhr am Handgelenk getragen wird, enthält einen piezo-elektrischen Beschleunigungssensor und kann die Bewegungsrate (z. B. pro Minute) abspeichern. Die Messung ist nicht invasiv und beeinträchtigt die Patienten nicht in ihrer normalen Lebensführung und ermöglicht es, die körperliche Aktivität über den 24-Stunden-Tag kontinuierlich und über längere Zeiträume bis hin zu mehreren Wochen zu erfassen.

Während bei gesunden Probanden eine regelmäßige Schlaf-Wach-Rhythmik mit einem Aktivitätsmaximum während des Tages und die Zeit zwischen 23.30 und 07.00 Uhr kaum durch körperliche Aktivität charakterisiert ist, zeigt sich beim schlafgestörten Patienten eine weitaus variablere Schlaf-Wach-Rhythmik. Zudem fallen häufige Ruhepausen während des Tages, eventuell sogar kurze Nickerchen und andererseits eine ausgedehnte Bettzeit während der Nacht auf. In der Nacht zeigt sich erhöhte körperliche Aktivität als Indikator für gestörten Schlaf. Momentan steht die Aktometrie noch in der Erprobung. Bis jetzt vorliegende Ergebnisse sind vielversprechend.

Schlaflabor Die Polysomnographie in einem schlafmedizinischen Zentrum ist auf jeden Fall indiziert bei dem Verdacht auf ein Schlaf-Apnoe-Syndrom bzw. eine andere Hypersomnie wie z. B. die Narkolepsie. Die Polysomnographie kann auch zur Diagnostik periodischer Beinbewegungen/Restless Legs-Syndrom eingesetzt werden. Unter nächtlichen periodischen Beinbewegungen bzw. dem Restless Legs-Syndrom versteht man eine Störung, die mit repetitiven Zuckungen der Extremitäten einhergeht, die neurologisch bedingt sind und unter Umständen eine erhebliche Fraktionierung des Nachtschlafs mit einem massiven Gefühl von Schlaflosigkeit auslösen können. Das Restless Legs-Syndrom ist immer charakterisiert durch nächtliche periodische Beinbewegungen und imponiert durch ein von den Betroffenen schwer beschreibbares Gefühl der Unruhe in den Beinen, das den Schlafprozeß erheblich stört (Überblick bei Trenkwalder, 1996). Als Verdachtsmomente für ein Schlaf-Apnoe-Syndrom gelten starkes Schnarchen, das Beobachten von Atempausen durch den Ehepartner, Übergewicht sowie erhöhte Tagesmüdigkeit. Daß Patienten mit einem Schlaf-Apnoe-Syndrom über Insomnie klagen, ist eher die Ausnahme, in der Regel klagen diese Patienten über erhöhte Tagesmüdigkeit, d. h. Hypersomnie.

Bei einer primären/nicht-organischen Insomnie ist unseres Erachtens eine Untersuchung im Schlaflabor nicht unbedingt indiziert. Ausnahmen sollten

22

hier jedoch gelten u.a. für Patienten mit chronischen und äußerst schweren Insomnien, bei denen alle bisherigen Therapieversuche fruchtlos blieben. Hier kann die ausführliche Abklärung im Schlaflabor mit Zusatzuntersuchungen wie Routinelabor (Blutbild, Leber- und Nierenfunktion) und bildgebenden Verfahren wichtige Aufschlüsse bringen. In der Regel wird man sich jedoch bei Patienten mit primären/nicht-organischen Insomnien in der Diagnostik mit diagnostischen Interviews und Schlaftagebüchern begnügen.

Bei der Untersuchung im Schlaflabor wird neben der Aufzeichnung des EEGs das EMG und EOG gemessen. Je nach Fragestellung können zusätzlich die Atmungstätigkeit, Schnarchgeräusche sowie Beinbewegungen erfaßt werden. Die kontinuierlich über einen Zeitraum von 8 Stunden erhobenen Daten werden nach den Kriterien von Rechtschaffen und Kales (1968) ausgewertet. Dabei wird der gesamte Ableitungszeitraum in Epochen (in der Regel 30 Sekunden-Einheiten) unterteilt und jede Epoche einem Schlafstadium zugeordnet, woraus sich ein Schlafprofil erstellen läßt (siehe Abb. 3).

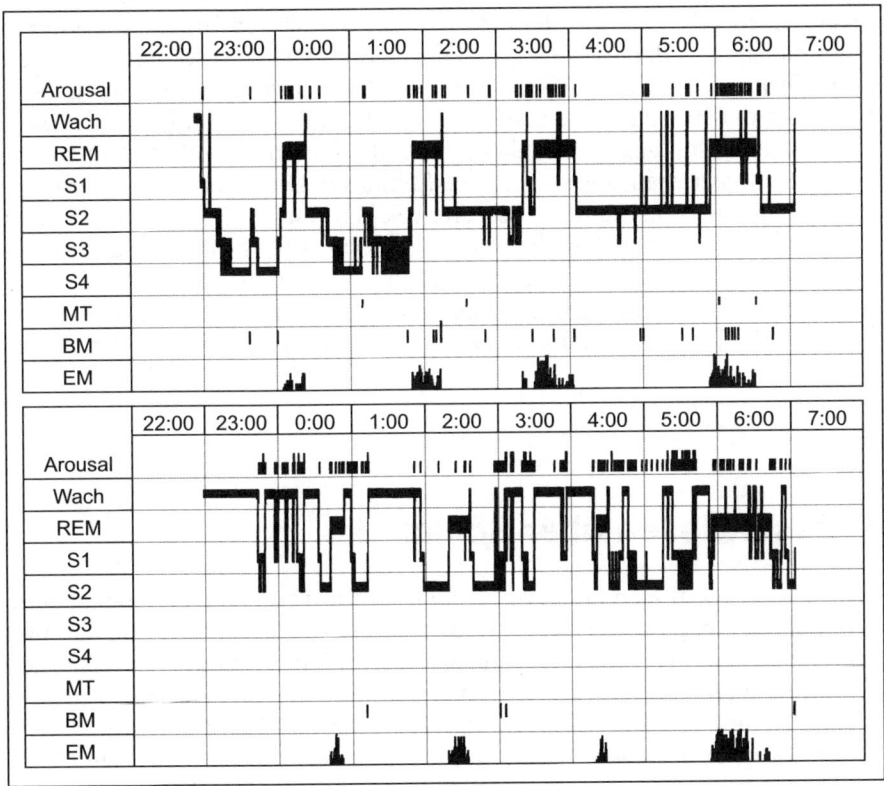

Abbildung 3:
Vergleich der Polysomnographie eines gesunden Schläfers (oben)
und eines schlafgestörten Patienten (unten); Arousal = kurze Weckreaktion;
REM = rapid eye movement; S1–S4 = Schlafstadien; MT = movement time;
BM = body movements; EM = eye movements

Die Abbildung vergleicht das polysomnographisch erfaßte Schlafprofil eines gesunden Schläfers mit einem gleichaltrigen, „nicht-organischen" Insomnie-Patienten. Das Schlafprofil des Insomnie-Patienten ist gekennzeichnet durch eine verlängerte Einschlafzeit, häufige nächtliche Wachperioden und das Fehlen der Tiefschlafanteile. Interessanterweise schilderte der Patient in diesem Fall, nur etwa $2\frac{1}{2}$ Stunden Schlaf bekommen zu haben. Die Schlafableitung zeigte jedoch, daß die Gesamtschlafzeit insgesamt bei $5\frac{1}{2}$ Stunden lag. Eine solche Diskrepanz läßt sich häufig bei Patienten mit nicht-organischen/primären Insomnien im Schlaflabor feststellen. Die Polysomnographie stellt Extremurteile wie „Ich habe die ganze Nacht kein Auge zugetan" in Frage. Interessanterweise schlafen viele Patienten mit einer primären/nicht-organischen Insomnie in der ersten Nacht im Schlaflabor weitaus besser als zuhause. Dies ist dem entgegengesetzt, was man bei gesunden Schläfern beobachten kann, nämlich, daß die erste Nacht im Schlaflabor bedingt durch die ungewohnten Umgebungsbedingungen schlechter als zuhause ausfällt. Dieser „umgekehrte Effekt" der ersten Nacht läßt sich mit dem Prinzip der paradoxen Intention erklären. Unter häuslichen Bedingungen setzen sich die meisten Insomnie-Patienten unter Druck, beim Zubettgehen den Schlaf erzwingen zu wollen, was wiederum der Entspannung und dem Schlaf entgegensteht. Im Schlaflabor ist die Einstellung genau umgekehrt, d. h. die Patienten wollen dem Untersucher demonstrieren, wie schlecht ihr Schlaf sei. Dies führt paradoxerweise zu Entspannung und damit zu besserem Schlaf. Dieser Effekt kann bei den im Schlaflabor untersuchten Patienten zu therapeutischen Zwecken genutzt werden, indem man dem Patienten dadurch vermittelt, daß er durchaus in der Lage ist, unter gewissen Umständen zu schlafen, und daß seine Einstellung zum Schlaf sein Schlafverhalten und -erleben wesentlich mitbestimmt.

4 Basiswissen über Schlaf

Klinische Psychologen oder Ärzte, die schlafgestörte Patienten behandeln, müssen über ein ausführliches und adäquates Wissen über Schlaf und Schlafstörungen verfügen, da sonst dem Patienten kaum der Eindruck vermittelt werden kann, daß ausreichende Kompetenz vorliegt. Entsprechende Kenntnisse kann sich ein Therapeut durch Literaturstudium (siehe Kap. 9) erwerben. Eine adäquate Vermittlung der relevanten wissenschaftlichen Inhalte findet im Psychologie- bzw. Medizinstudium leider noch nicht statt. Zudem wäre es sinnvoll, daß Psychologen und Mediziner, die sich auf die Behandlung von Insomnien spezialisieren wollen, an einer Klinik, die ein Schlaflabor betreibt, hospitieren. Entsprechende schlafmedizinische Einrichtungen sind inzwischen weiter verbreitet in Deutschland, als dies

Basale Kenntnisse über Schlaf unabdingbar

noch vor 10 Jahren der Fall war. Durch eine Hospitation können Grundkenntnisse der Schlafphysiologie und -psychologie erworben und das gesamte Spektrum der Schlaferkrankungen kennengelernt werden.

Im Rahmen der Therapie schlafgestörter Patienten sollte man sich ausführlich mit den Konzepten der Patienten über den Schlaf und mit wissenschaftlich bekannten Fakten über den Schlaf befassen, um so dysfunktionale bzw. falsche Konzepte korrigieren zu können.

- *Schlafphysiologie*

Die naturwissenschaftlich-experimentelle Schlafforschung existiert erst seit ca. 45 Jahren. 1953 entdeckten Aserinsky und Kleitman in Chicago den REM-Schlaf (Rapid Eye Movement = schnelle Augenbewegung). Diese Entdeckung wurde zum Ausgangspunkt der modernen Schlafforschung. Nach einer vor 30 Jahren verabschiedeten Klassifikation der Schlafstadien (Rechtschaffen & Kales, 1968) wird der Schlaf in die Non-REM-Stadien (Stadium 1–4) und den REM-Schlaf differenziert.

Schlafprofil

Die verschiedenen Schlafstadien sind nicht zufällig über die Nacht verteilt, sondern unterliegen beim Gesunden einer relativ stabilen zyklischen Abfolge der Stadien 1 bis 4 und REM-Schlaf (siehe Abb. 3). Zu Beginn der Nacht wird nach kurzer Wachzeit das Stadium S1, der Übergang zwischen Schlafen und Wachen (Dösen) erreicht, in dem der Schläfer nur einige Minuten verweilt. Der eigentliche Schlaf beginnt mit dem Schlafstadium S2. Im Anschluß folgen die „tiefen" Schlafstadien S3 und S4. Nach etwa 60–70 Minuten wird der Schlaf wieder flacher, und nach etwa 80–120 Minuten tritt die erste REM-Periode auf. Im folgenden wiederholt sich der zyklische Ablauf von Non-REM- und REM-Schlaf. Dabei fällt auf, daß im Verlauf der Nacht die tiefen Schlafstadien immer mehr abnehmen, während die REM-Phasen an Länge gewinnen.

Der *entspannte Wachzustand* ist durch eine Frequenz der Hirnströme von 8–12 Hz (Alpha-Rhythmus) gekennzeichnet. Im EOG (Elektrookulogramm = Augenbewegungen) zeigen sich bei geschlossenen Augen keine Augenbewegungen, jedoch gelegentlich Lidschläge. Das EMG (Elektromyogramm) zeigt im Wachzustand noch eine relativ hohe Muskelspannung.

Im *Schlafstadium S1* lockert sich der Alpha-Rhythmus auf und langsame Frequenzen, vor allem im Theta-Bereich, nehmen zu, die Augen beginnen langsam zu rollen, der Muskeltonus sinkt ab. Auf kognitiver Ebene werden im Stadium 1 häufig sogenannte hypnagoge, d. h. zum Einschlafen führende Halluzinationen erlebt. Darunter versteht man langsame, meist statische Traumbilder. Bei Weckungen aus diesem Schlafstadium berichten Probanden häufig noch wach gewesen zu sein.

Das *Schlafstadium S2* wird als eigentlicher Einschlafzeitpunkt verstanden und wird von bestimmten Graphoelementen im EEG, wie etwa Schlafspindeln und K-Komplexen begleitet. Augenbewegungen treten nicht auf, die Schlafstadien Muskelspannung sinkt weiter. Weckungen aus diesem Zustand führen häufig zur Erinnerung an kognitive Inhalte, die von Trauminhalten allerdings dadurch abgrenzbar sind, daß sie eher dem entsprechen, was wir tagsüber an Gedanken erleben.

Die *Tiefschlafstadien S3 und S4* (SWS = slow wave sleep) beinhalten vor allem langsamwellige Delta-Aktivitäten mit einer Frequenz von 0,5–2 Hz. Die Muskelspannung ist weiter abgesunken, Augenbewegungen treten nicht auf. Kognitive Inhalte sind bei Weckung aus diesen Schlafstadien nur selten erinnerbar.

Das *REM-Schlaf-Stadium* ist durch schnelle Augenbewegungen und ein Hirnstrombild charakterisiert, welches dem Stadium 1 sehr ähnlich ist. Die Muskelspannung ist nun extrem niedrig. Dem zugrunde liegt eine aktive Hemmung bzw. Paralyse der Muskulatur. Weckungen aus dem REM-Schlaf führen bei gesunden Probanden in mehr als 90 % aller Fälle zu detaillierten Berichten über visuelle und halluzinatorische Traumerlebnisse.

Der Nachtschlaf ist nicht nur durch den regelmäßigen zyklischen Ablauf von Non-REM und REM-Schlaf charakterisiert, sondern auch durch parallele zyklische Veränderungen von Parametern des autonomen Nervensystems, wie etwa Herzschlag und Atemfrequenz. Insgesamt gesehen sinken über die Nacht Herzfrequenz und Atemfrequenz deutlich ab. Der REM-Schlaf jedoch ist durch eine Aktivierung, d.h. einen Anstieg und eine erhöhte Variabilität beider Parameter charakterisiert. Zudem kommt es bei Männern im REM-Schlaf in der Regel zu Erektionen, während bei Frauen eine Erhöhung des vaginalen Blutdurchflusses auftritt. Der REM-Schlaf ist somit ein hoch aktiver Zustand, der in vielen Aspekten dem Wachzustand sehr verwandt ist.

● *Chronobiologie*

Für das Verständnis von Schlafstörungen sind weiterhin Erkenntnisse der Chronobiologie relevant, wonach Schlafen und Wachen eng in das Wechselspiel bzw. die Interaktion anderer biologischer Rhythmen, wie etwa der Ausscheidung von Hormonen und den Hell-Dunkel-Wechsel, eingebettet sind.

Als zentraler Parameter biologischer Rhythmen wird in der Regel die Körpertemperatur angesehen. Unter Zeitgeberbedingungen, d. h. im normalen Hell-Dunkel-Wechsel durchläuft die Körpertemperatur eine sinusförmige Schwingung mit einem Minimum und Maximum während des 24-Stunden-Tages. Ebenso eine zirkadiane Rhythmik weist das Hormon Cortisol Hormone auf, mit einem Minimum in den Abendstunden und dem ersten Nachtdrittel. Gegen Morgen steigt das Cortisol wieder an, um am Vormittag sein Maximum zu erreichen. Das Hormon Melatonin, in den letzten Jahren auch häufig als Schlafhormon diskutiert, wird durch Lichteinfluß unterdrückt und erst während der Nacht ausgeschüttet.

In Untersuchungen in sogenannten zeitisolierten Umgebungen (wie etwa Bunkern) konnte man äußere Zeitgeber, d. h. den Hell-Dunkel-Wechsel ausschalten und erkennen, daß die Schlaf-Wach-Rhythmik und auch die Rhythmik der Körpertemperatur und anderer Hormone eine Phasenlänge von ca. 25–26 Stunden hat. Daraus ergibt sich, daß wir unter normalen Hell-Dunkel-Bedingungen, d. h. bei einem 24-Stunden-Tag, unsere innere biologische Uhr jeden Tag neu „stellen" müssen. **innere Uhr**

Erkenntnisse der Chronobiologie haben entscheidend zum Verständnis des Phänomens des „Jet-lag" beigetragen, worunter man die unangenehmen Begleiterscheinungen von Zeitzonenflügen bezeichnet, wie etwa vorübergehende Schlafstörungen. Die Chronobiologie spielt auch eine große Rolle in der Arbeitsmedizin, insbesondere bei der Schichtarbeit. Neben biologischen Funktionen unterliegen auch eine Vielzahl psychologischer Funktionen einer zirkadianen Rhythmik mit einem Minimum und einem Maximum während des 24-Stunden-Tages. **zirkadiane Rhythmik**

Die Schlaf-Wach-Rhythmik des Menschen wird jedoch nicht nur durch endogene Faktoren und den Hell-Dunkel-Wechsel gelenkt, sondern unterliegt auch sozialen Faktoren. Z. B. konnte gezeigt werden, daß der Wegfall bestimmter sozialer Konventionen dazu führte, daß auch bei gesunden Erwachsenen wieder ein biphasisches Schlafmuster mit einem zweiten Häufigkeitsgipfel von Schlafepisoden in den frühen Nachmittagsstunden auftritt. Aus diesen Erkenntnissen folgt, daß das für Erwachsene in westlichen Industrienationen typische monophasische Schlafmuster mit einer einzigen Schlafperiode in der Nacht primär durch soziale Konventionen und unser Arbeitsleben bestimmt wird. Diese Hypothese läßt sich dadurch untermauern, daß z. B. sowohl in südlichen Ländern, als auch von älteren, nicht mehr im Arbeitsleben stehenden Menschen, oftmals ein Mittagsschlaf gehalten wird. **soziale Konventionen und Tagschlaf**

Erkenntnisse der Chronobiologie stützen die Annahme, daß eine unregelmäßige Schlaf-Wach-Rhythmik, die zu einer Desynchronisation zwischen biologischen Rhythmen führt, eher ungünstig für guten Schlaf ist. Eine gewisse Regelmäßigkeit von Ruhe-, Aktivitätszeiten und Schlaf-Wach-Rhythmik ist für einen guten Schlaf förderlich. Insbesondere konstante Aufstehzeiten (auch an Wochenenden) empfehlen sich zur Stärkung der Synchronisation zwischen den verschiedenen biologischen Rhythmen.

In den letzten Jahren haben Zusammenhänge zwischen Immunsystem und Schlaf besonderes Interesse in der chronobiologischen Schlafforschung gefunden. Ausgangspunkt für diese Forschungsrichtung waren Beobachtungen, daß fieberhafte Erkrankungen in der Regel zu erhöhter Schläfrigkeit **Immunsystem und Schlaf** führen. Verschiedene Parameter des Immunsystems wie etwa Interleukin-1 korrelieren mit dem Schlaf-Wach-Rhythmus und zeigen einen Gipfel während des Maximums des Tiefschlafs im ersten Nachtdrittel. Spekuliert wird nun darüber, ob z. B. chronische Schlafstörungen eine Schwächung der Immunfunktion bewirken können.

- *Ontogenese*

Das menschliche Schlaf-Wach-Verhalten unterliegt deutlichen Variationen vom Säuglingsalter bis in das hohe Erwachsenenalter. Beim Neugeborenen z. B. findet sich ein polyphasisches Schlafmuster mit mehreren, in etwa 3–4stündigen Abständen durch Wachperioden unterbrochenen Schlafphasen. Beim einjährigen Kleinkind hat sich die Haupt-Schlafphase meist in der Nacht konsolidiert, es werden noch zwei kurze Tagschlafphasen gehalten. Ab dem 4. Lebensjahr nimmt die in der Nacht geschlafene Zeit weiter zu, tagsüber wird meist nur noch ein kurzer Mittagsschlaf gehalten, der dann ab dem 6. bis 8. Lebensjahr entfällt. Dann verringert sich mit zunehmendem Erwachsenenalter die Schlafdauer und pendelt sich ab dem 30. Lebensjahr im Mittel bei ca. 7–8 Stunden ein. Im höheren Erwachsenenalter, vor allem nach dem Wegfall der Berufstätigkeit, zeigt sich häufig wieder ein biphasisches Schlafmuster mit einer Kurzschlafepisode nach dem Mittagessen.

Einfluß des Alters

Neben der generellen Organisation der Schlaf-Wach-Rhythmik verändert sich auch die interne Architektur des Schlafes mit dem Alter. Während beim Säugling der Schlaf noch zu etwa 50 % von REM-Schlaf dominiert wird, nimmt dieser Anteil in den ersten Lebensjahren deutlich ab und pendelt sich ab der Pubertät bei ca. 20 % ein, um dann mit zunehmendem Erwachsenenalter nur noch unwesentlich abzusinken. Die Non-REM-Schlafanteile schwanken weniger über die ganze Lebensspanne. Dies gilt jedoch nicht für die Tiefschlafanteile, die Stadien 3 und 4, die mit dem Alter mehr und mehr abnehmen. So sind schon bei 40–50jährigen gesunden Erwachsenen häufig keine Tiefschlafanteile mehr nachweisbar. Dies kann auch erklären, warum ältere Menschen generell ihren Schlaf häufiger als unerholsam und oberflächlich im Vergleich zur Jugend erleben. Noch bis vor kurzem wurde angenommen, daß die Schlafdauer und die Schlaffähigkeit mit dem Alter abnehmen. Von dieser Meinung mußte man inzwischen abrücken, da unter Miteinbeziehung des Tagschlafs keineswegs eine lineare Abnahme der Schlafzeit über die Lebensspanne festzustellen ist. Allerdings gilt jedoch, daß die Tiefschlafstadien reduziert werden und daß der Schlaf, auch wenn insgesamt noch gleich lang, mit zunehmendem Alter häufiger durch Wachperioden fraktioniert wird.

Die Schlafstruktur verändert sich über die Lebensspanne

Abnahme des Tiefschlafs mit dem Alter

> Eine wichtige Erkenntnis ist also, daß bei der Beurteilung von Schlafstörungen der Tagesschlaf und das Alter nicht außer acht gelassen werden darf.

- *Modelle der Schlafregulation*

Schlafgestörte Patienten stellen vor bzw. in der Therapie häufig die Frage, ob und inwiefern Schlaf wichtig sei und welche Funktion Schlaf erfülle. Fragen hierzu können insbesondere unter Rückgriff auf das sogenannte Zwei-Prozeß-Modell der Regulation von Wachen und Schlafen, das von Borbély (1982) formuliert wurde, beantwortet werden. Dieses Modell stützt sich auf Erkenntnisse aus der Grundlagenforschung und gründet sich im wesentlichen auf Frequenzanalysen des Schlaf-EEG und auf Experimente zum Schlafentzug. Experimente konnten zeigen, daß nach Beendigung einer Schlafentzugsperiode keineswegs der gesamte verlorene Schlaf kompensiert wird, sondern in erster Linie die langsamwellige Delta-Aktivität, d. h. der tiefe Schlaf. Zwischen Tiefschlafmenge und vorhergegangener Wachzeit besteht nach dem Modell von Borbély ein linearer Zusammenhang: je länger die dem Schlaf vorhergehende Wachzeit, desto mehr Tiefschlafanteil bzw. Delta-Wellen treten auf. Diese werden nicht linear über den Verlauf der Nacht produziert, sondern nehmen exponentiell mit der Schlafdauer ab. Während Borbély diesen von der Wachzeit abhängigen Prozeß als S (S = Schlaf) bezeichnete, integrierte er in seinem Modell noch Erkenntnisse der Chronobiologie und leitete daraus den Prozeß C ab. Prozeß C trägt der Tatsache Rechnung, daß die Schlaf-Wach-Regulation in eine Vielzahl anderer zirkadianer Funktionen eingebettet ist. Die Schlafbereitschaft hängt nun davon ab, in welchem Verhältnis C und S zueinander stehen. C kann auch durch die Körperkerntemperatur dargestellt werden und sinkt z. B. in den Abendstunden ab. Besteht zu gleicher Zeit ein hoher Schlafdruck (S), ist dies günstig für das Einschlafen. Während der Nacht kommt es zu einem Abfall des Prozesses S und zu einem Wiederanstieg von Prozeß C, was zum Erwachen führt.

Schlafentzug erhöht den Tiefschlafanteil

Häufig wird von Patienten auch die Frage gestellt, was die normale Schlafdauer sei. Insbesondere gehen viele Patienten davon aus, daß man unbedingt 8 Stunden schlafen müsse, um gesund zu bleiben. Untersuchungen an Gesunden konnten zeigen, daß es eine Variation der normalen Schlafdauer von ca. 4–10 Stunden gibt. Der Mittelwert liegt bei etwa 7,5–8 Stunden, im Rahmen der Norm gibt es jedoch extreme Abweichungen im Sinne von Kurz- und Langschläfern.

- *Funktion des Schlafes*

Schlafentzugsexperimente über Zeiträume von 5–10 Tagen wiesen nach, daß es dadurch nicht zu organischen oder psychischen Schäden, sondern „nur" zu einer extremen Müdigkeit kam, die sich darin äußerte, daß es kaum mehr möglich war, die Versuchsperson länger wach zu halten, ohne daß nicht permanent Mikroschlafepisoden auftraten. Dafür, daß Schlaf unentbehrlich ist, sprechen viele Untersuchungen an Tieren, aus denen hervorgeht, daß

29

Schlafentzug über längere Zeiträume eine Entgleisung des Stoffwechsels und eine Dysregulation der Körpertemperatur mit letalem Ausgang bewirkt. Sehr wahrscheinlich ist, daß Schlaf der metabolischen Erholung dient. Dafür sprechen Studien, die belegen, daß während bestimmter Schlafstadien, vor allem während des Tiefschlafs, die Proteinsynthese zunimmt. Für den REM-Schlaf, der beim Neugeborenen fast 50 % der Schlafzeit einnimmt, wurde angenommen, daß er zur Ausbildung neuronaler Regelkreise notwendig ist. Zudem wird für den REM-Schlaf angenommen, daß er beim Erwachsenen der Verarbeitung tagsüber aufgenommener Informationen dient. Diese Hypothese wird auch gestützt durch die drastische Abnahme von REM-Schlaf bei dementiellen Erkrankungen.

Aus der Immunologie weisen Forschungsansätze darauf hin, daß der Schlaf eine wichtige Funktion für die Abwehrfunktion unseres Körpers erfüllt. Dauerhafte Schlaflosigkeit kann eventuell eine Schwächung der Immunfunktion bewirken. Die Forschung ist jedoch im Humanbereich noch nicht so weit fortgeschritten, um diese Annahme abschließend zu bewerten.

> Da bisher eine naturwissenschaftlichen Kriterien genügende Erklärung, warum wir schlafen, noch nicht gelungen ist, müssen wir uns zunächst mit der Alltagsweisheit begnügen, daß Schlaf immer noch das beste Mittel gegen Müdigkeit ist.

5 Medikamentöse Behandlung

Bei chronischen Insomnien stellt es eher die Ausnahme dar, daß ein Patient, der zum Psychotherapeuten in Behandlung kommt, keinerlei Medikamentenerfahrung hat. Nicht selten sind Insomniepatienten gerade wegen ihrer Medikamentenerfahrung dazu motiviert, eine nicht-medikamentöse Behandlung aufzusuchen. Sehr häufig ist es gerade die Unfähigkeit, Hypnotika

Frustrane Absetzversuche

alleine abzusetzen, die die Patienten entsprechende Hilfe aufsuchen läßt. Aus diesem Grund ist es für den Behandler von Schlafstörungen unabdingbar, ein ausführliches Basiswissen über die zur Zeit am häufigsten verordneten Medikamente zur Schlafinduktion und deren Wirkungen und Nebenwirkungen zu haben (Überblick bei Hajak & Rüther, 1995). Zudem stellt sich nicht selten im Rahmen einer Insomniebehandlung die Frage, ob nicht-medikamentöse und medikamentöse Behandlungsstrategien miteinander kompatibel sind, d. h. simultan eingesetzt werden können.

Eine momentan herausragende Rolle in der allgemeinärztlichen Behandlung von Insomnien spielen die Benzodiazepin-Hypnotika und die neuen Nicht-Benzodiazepin-Hypnotika, die jedoch viele Ähnlichkeiten mit den Benzodiazepinen aufweisen. Ein Überblick über die am häufigsten eingesetzten Präparate findet sich in Tabelle 8.

30

Tabelle 8:
Benzodiazepinhypnotika und benzodiazepinähnliche Hypnotika

Halbwertszeit (incl. wirksamer Metaboliten)		
lang (> 8 Std.)	**mittel**	**kurz (< 5 Std.)**
Flunitrazepam (Rohypnol®)	Brotizolam (Lendormin®)	Triazolam (Halcion®)
Flurazepam (Dalmadorm®)		Midazolam (Dormicum®)
Lormetazepam (Noctamid®)		Zopiclon (Ximovan®)
Loprazolam (Sonin®)		Zolpidem (Stilnox®, Bikalm®)
Temazepam (Planum®)		Xaleplon (Sonata®)
Nitrazepam (Mogadan®)		

Die Benzodiazepine lösten Anfang der 60er Jahre die Barbiturate in der Insomniebehandlung ab. Die Barbiturate, die früher eine große Rolle bei Suizidhandlungen spielten, sind aufgrund der Verfügbarkeit der Benzodiazepine obsolet geworden.

Verschreibung von Benzodiazepin-Hypnotika

In den letzten 10 Jahren haben sich jedoch vermehrt Einwände gegen die unkritische Verschreibung von Benzodiazepin-Hypnotika ergeben:

Die Benzodiazepin-Hypnotika verändern die physiologische Schlafstruktur. Neben dem erwünschten Effekt, die Einschlaflatenz und die Zahl nächtlicher Aufwachphasen zu reduzieren, unterdrücken die meisten Benzodiazepin-Hypnotika den REM- und den Tiefschlaf. Die klinische Relevanz dieser Befunde ist bislang ungeklärt.

Das plötzliche Absetzen von Benzodiazepin-Hypnotika kann eine sogenannte Absetz-(= Rebound)-Insomnie provozieren. Dies gilt insbesondere für Benzodiazepine mit kurzer und mittlerer Halbwertzeit. Nach abruptem Absetzen – schon bereits nach mehrtägiger Einnahme – kann eine Schlafstörung auftreten, die deutlicher ausgeprägt ist als vor der Medikamenteneinnahme. Diese und eine verstärkte Ängstlichkeit während des Tages kann dazu führen, daß die Medikamenteneinnahme fortgesetzt wird. Eine Teilgruppe von Patienten, die mit Benzodiazepin-Hypnotika behandelt wird, entwickelt zudem rasch Toleranz, was letztendlich zur Dosissteigerung und Abhängigkeit führen kann.

Benzodiazepine mit relativ kurzer Halbwertzeit sind besonders mit dem erhöhten Risiko von Toleranz und Abhängigkeit verbunden und können dazu führen, daß verstärkt frühmorgendliches Erwachen mit erhöhter Ängstlichkeit auftreten. Vorteilhaft an den Benzodiazepinen mit kurzer Halbwertzeit ist das Ausbleiben eines „hang-over" am Morgen.

Besonders bei älteren Patienten wurden nach Benzodiazepingabe bedenkliche Nebenwirkungen beobachtet, wie etwa anterograde Amnesien, Zustände nächtlicher Verwirrtheit und, bedingt durch die den Benzodiazepinen eigene Muskelrelaxationen, nächtliche Stürze mit der Gefahr von Frakturen.

Patienten mit einer Störung der Atemregulation im Schlaf, wie etwa einer Schlaf-Apnoe, können durch Benzodiazepineinnahme gefährdet werden, da Benzodiazepine eine Verstärkung und Verlängerung nächtlicher Apnoe-Phasen auslösen können.

Aufgrund der angeführten Risiken gilt inzwischen die generelle Richtlinie für die Benzodiazepinverordnung von „klarer Indikation, kleiner Dosis, kurzer Verordnungsdauer und langsamem Absetzen". Bei mangelnder Wirksamkeit sollte ein Benzodiazepin-Hypnotikum nicht länger als 3 Wochen, bei guten therapeutischen Effekten nicht länger als 3 Monate verordnet werden. Bei einer Sucht- bzw. Abhängigkeitsanamnese dürfen Benzodiazepine auf keinen Fall gegeben werden.

In den letzten Jahren erschienen zwei neue Substanzen auf dem Markt, das Zopiclon und Zolpidem, die zwar keine Benzodiazepine sind, aber an die gleichen Rezeptoren im ZNS binden und die ein niedrigeres Nebenwirkungsprofil haben sollen. Die Halbwertzeit dieser Substanzen liegen bei 2–5 Stunden. Die momentane Befundlage spricht dafür, daß bei diesen beiden Präparaten Abhängigkeitsrisiken und Phänomene wie die sogenannte Rebound-Insomnie weitaus weniger stark als bei den klassischen Benzodiazepinen ausgeprägt sind.

Eine nicht unbedeutende Rolle in der Insomniebehandlung spielen in Deutschland pflanzliche Präparate, meist auf der Basis von Baldrian. Diese Präparate werden häufig vom Patienten als erster Schritt zur Selbstmedikation eingesetzt, da sie frei im Handel erhältlich sind. Eine wissenschaftliche **Baldrian** Evaluation der Wirksamkeit der meisten pflanzlichen Präparate steht bisher aus. Es gibt jedoch einige Hinweise dafür, daß Baldrian-Präparate im Vergleich zu Placebo eine auch im Schlaflabor objektivierbare leichte Überlegenheit zeigen und Schlafeffizienz und -kontinuität etwas bessern. Ausgeprägte Nebenwirkungen und Abhängigkeitsrisiken sind bei diesen Substanzen nicht bekannt.

Eine zunehmend größere Rolle in der medikamentösen Behandlung von primären als auch psychiatrischen Insomnien spielen in den letzten Jahren sedierende Antidepressiva wie etwa das Amitriptylin (Saroten), Doxepin (Aponal) oder Trimipramin (Stangyl). Dabei werden in der Regel viel niedrigere Dosen (10–50 mg) als in der Depressionsbehandlung verordnet. **Antidepressiva** Bei den Antidepressiva ist zu beachten, daß unerwünschte Nebenwirkungen, vor allem anticholinerger Art, sowie Blutbildveränderungen auftreten können. Insofern sind Antidepressiva keineswegs eine unkritisch zu bewertende Alternative zu den Benzodiazepinen und sollten auf jeden Fall ausschließlich Patienten mit therapierefraktären oder psychiatrisch bedingten Insomnien vorbehalten werden. Vorteilhaft an dieser Substanzklasse sind fehlende Abhängigkeitspotentiale sowie die gute Wirksamkeit auch bei Patienten, die bereits lange Jahre Vorerfahrung mit Benzodiazepinen haben.

32

Neuroleptische Substanzen, die einen schlaffördernden Effekt haben, wie etwa Promethazin, Thioridazin, Levomepromazin, Pipamperon und Melperon, werden in den letzten Jahren vermehrt auch bei älteren Patienten ohne psychotische Symptomatik zur Insomniebehandlung eingesetzt. Zu bedenken sind hier jedoch die möglichen gravierenden Nebenwirkungen, vor allem extrapyramidaler Art und das Risiko von Spätdyskinesien, so daß von einem generellen Einsatz von Neuroleptika bei primären Insomnien abgeraten werden muß. Die Indikation dieser Substanzen ist ausschließlich auf psychiatrische Insomnien beschränkt.

Neuroleptika

Regelmäßig wird in der Laienpresse über neue wissenschaftliche Erkenntnisse berichtet, die postulieren, daß ein „natürliches" Schlafmittel zur Verfügung stehe. Eine dieser sogenannten natürlichen Schlafsubstanzen stellt das L-Tryptophan dar, eine Vorstufe des Serotonins. Unter L-Tryptophan tritt nur eine leichte Sedierung auf. Es wurde der Ansatz vertreten, daß erst die längerfristige Einnahme des Präparates den Schlaf normalisiert. Kontrollierte Untersuchungen in Schlaf-EEG-Laboren konnten mit L-Tryptophan eine mäßiggradige Reduktion der Einschlaflatenz demonstrieren. Da vor mehr als einem Jahrzehnt nach Einnahme von L-Tryptophan schwerwiegende Nebenwirkungen, vor allem das sogenannte Eosinophilie-Myalgie-Syndrom, auftraten, wurde das Präparat vom Markt genommen. Inzwischen hat sich herausgestellt, daß die schwerwiegenden Nebenwirkungen nicht direkt auf das Tryptophan, sondern auf Verunreinigung beim Herstellungsprozeß zurückzuführen waren. Das Tryptophan ist inzwischen wieder im Handel zugelassen. Eine weitere als natürliche Schlafsubstanz propagierte Substanz stellt das Melatonin dar. Melatonin ist ein körpereigenes Hormon, das von der Epiphyse (= Zirbeldrüse) sezerniert wird und zeitlich eng mit dem Schlaf-Wach-Rhythmus korreliert ist. Bisher gibt es nur Evidenz dafür, daß die Gabe von Melatonin bei Schlaf-Wach-Rhythmus-Störungen bei Blinden, Jet-lag-Beschwerden und beim „Delayed Sleep Phase-Syndrom" wirkungsvoll ist. Ein Beleg für die Wirksamkeit bei primären Insomnien bzw. psychiatrisch oder organisch bedingten Insomnien liegt bisher nicht vor.

Natürliche Schlafmittel

Aufgrund der eingangs erwähnten häufigen Vorerfahrungen, die schlafgestörte Patienten, die einen klinischen Psychologen oder Psychotherapeuten konsultieren, mit der pharmakologischen Behandlung von Schlafstörungen haben, stellt sich beim Einsatz der nicht-medikamentösen Verfahren immer wieder die Frage, ob diese vereinbar mit gleichzeitiger Medikamenteneinnahme sind.

Inzwischen besteht unter Schlafexperten weithin Übereinstimmung darin, daß in jedem Fall einer intendierten medikamentösen Behandlung der primären Insomnie immer auch Methoden der nicht-medikamentösen Therapieformen eingesetzt werden müssen. Dazu zählen Beratung, einfache Entspannungsmethoden und die Vermittlung schlafhygienischer Regeln.

Die nicht-medikamentösen Therapieansätze haben den Vorteil, daß sie das Krankheitsgeschehen unmittelbarer beeinflussen als dies bei pharmakologischen Ansätzen der Fall ist. Die Durchführung bestimmter verhaltenstherapeutischer Techniken, wie später ausgeführt, sollte in der Hand eines ausgebildeten Therapeuten liegen.

Kombinations-behandlung? Falls medikamentöse und nicht-medikamentöse Therapieansätze kombiniert werden, sollte auf jeden Fall vor Einleitung einer Behandlung mit jedem Patienten eine klare Linie im Hinblick auf die Einnahme von Medikamenten vereinbart werden. Da die psychotherapeutischen Maßnahmen erst mit einer gewissen Latenz, zum Teil von mehreren Wochen, wirksam werden, ist es wichtig, die Patienten darüber aufzuklären, um vorzeitige Enttäuschung zu vermeiden und sie dadurch wieder schnell nach einem Schlafmedikament greifen zu lassen. Gerade die verhaltenstherapeutischen Maßnahmen stellen oft hohe Anforderungen an die Motivation der Patienten, aktiv mitzuarbeiten. Eine intermittierende Medikamenteneinnahme könnte die Motivation von Patienten, die verhaltenstherapeutischen Vorschläge zu befolgen, abschwächen, da Patienten erleben bzw. erlebt haben, daß mit Medikamenten der Schlaf relativ mühelos, zumindest kurzfristig, beeinflußt werden kann. Bei einer geplanten Kombinationsbehandlung scheint es deswegen eher sinnvoll, eine konsequente durchgehende Medikation vorzuziehen, um zum Zeitpunkt des Erreichens ausreichender Schlafgüte unter gleichzeitiger Durchführung nicht-medikamentöser Maßnahmen einen schrittweisen langsamen Absetzversuch der Medikamente zu unternehmen. Im Zentrum der Frage Kombinationsbehandlung oder ausschließlich nicht-medikamentöser Maßnahmen steht die Motivation der Patienten. Es ist sehr unwahrscheinlich, daß ein nicht oder nur gering motivierter Patient ohne Medikamente auskommen wird. Jedoch können auch bei sehr hoch motivierten Patienten die ersten Behandlungswochen, die häufig noch nicht so erfolgreich sind, die Frage einer zusätzlichen Medikation aufwerfen. Für diese Fälle sollte bereits vor Behandlungsbeginn eine entsprechende Vereinbarung getroffen werden. Die Frage der Kombination medikamentöser und nicht-medikamentöser Maßnahmen ist komplex und stellt sich oft, da viele Patienten vor Beginn der Durchführung psychologisch-psychotherapeutischer Maßnahmen medikamentöse Therapieversuche erlebt und dabei die Erfahrung gemacht haben, daß zumindest initial die Medikamente schneller und deutlich die Schlafstörung beheben. Die Bezugnahme auf die begleitende Medikamenteneinnahme ist essentiell für jede Insomnietherapie. Der/die Therapeut/in sollte generell die Schlafmitteleinnahme nicht verteufeln. Nur dann ist gewährleistet, daß Patienten offen und ehrlich über ihre Medikamenteneinnahme und Schwierigkeiten beim Absetzen der Medikamente berichten. Bei den Benzodiazepin-Hypnotika empfiehlt sich ein **langsames Absetzen der Hypnotika** graduelles, langsames Absetzen der Präparate, um massive Entzugserscheinungen oder gar schwerwiegende Komplikationen, wie etwa Krampfanfälle, zu vermeiden. Nach unseren eigenen Erfahrungen fällt die Reduktion

34

von Hypnotika um so leichter, je besser die Patienten mit den kognitiv-verhaltenstherapeutischen Methoden vertraut sind. Unter Umständen, d. h. bei der Einnahme hoher Dosen von Benzodiazepinen, kann ein stationärer Aufenthalt zur Entzugsbehandlung, um Risiken für den Patienten zu minimieren, unumgänglich sein.

6 Kognitiv-verhaltenstherapeutische Methoden

Zur Behandlung der primären Insomnie stehen eine Reihe gut evaluierter Therapieverfahren zur Verfügung. Hierzu gehören Verfahren zur körperlichen und gedanklichen Entspannung, Stimuluskontrolle, Schlafrestriktion, Schlafedukation (Vermittlung von Informationen über den Schlaf, Schlafstörungen und „Schlafhygiene"), Paradoxe Intention und kognitive Methoden wie Gedankenstopp und kognitives Umstrukturieren. Ansatzpunkte der Therapie der primären Insomnie sind die verschiedenen aufrechterhaltenden Faktoren, wie sie in Kapitel 2 dargestellt worden sind. Da bei den meisten Patienten mit primärer Insomnie verschiedene aufrechterhaltende Faktoren zu finden sind, bietet sich in der Regel eine Kombination mehrerer Therapieverfahren an.

Ansatzpunkte der Therapie sind die aufrechterhaltenden Faktoren

Die Effektivität verschiedener Therapien zur Behandlung der primären Insomnie wurde in zwei Metanalysen (Morin et al., 1994; Murtagh & Greenwood, 1995) untersucht (siehe Kap. 7).

Im folgenden werden verschiedene effektive Therapieverfahren dargestellt. Bei ähnlichen Verfahren wurde dasjenige ausgewählt, welches am häufigsten angewendet wird bzw. leichter durchzuführen ist. Dies betrifft vor allem die Entspannungsverfahren: hier wurde die Progressive Muskelentspannung gewählt, da dieses Verfahren sehr viel häufiger als das Autogene Training in seiner Wirksamkeit bei Insomnie untersucht wurde und im Unterschied zu anderen Entspannungsverfahren, wie z. B. dem Biofeedback, ohne apparative Hilfsmittel auskommt.

6.1 Progressive Muskelentspannung

Methode und Durchführung

Die Progressive Muskelentspannung (PM) wurde in den 20er Jahren von Edmund Jacobson entwickelt. Verschiedene Muskelgruppen werden im

Wechsel kurzzeitig angespannt und anschließend längere Zeit entspannt, wodurch eine tiefe Entspannung erreicht werden kann.

Keine suggestiven Elemente in der Ursprungsform der PM

Das Verfahren wird in vielfältigen Varianten durchgeführt, wobei vornehmlich diejenigen von Bernstein und Borkovec (1973) und von Öst (1987) zu nennen sind. Während die ursprüngliche Form keine suggestiven Elemente enthält, finden sich diese häufig in den neueren Varianten.

Begründung zum Einsatz der PM

Der Therapeut kann die Wahl eines Entspannungsverfahrens zur Therapie der Insomnie damit begründen, daß Entspannung und Gelassenheit Voraussetzungen dafür sind, (ein-)schlafen zu können. Die meisten Patienten mit Insomnie haben im Laufe der Chronifizierung ihrer Schlafstörung ihre Gelassenheit gegenüber dem Schlaf verloren und versuchen, den Schlaf willentlich herbeizuführen. Dies führt eher zum Gegenteil, nämlich zu Anspannung und dem Gefühl, wieder hellwach zu sein. Das Versagen der willentlichen Kontrolle über die Schlaffähigkeit führt in der Folge oft zu Hilflosigkeit. Um diesen Teufelskreis zu durchbrechen, können Verfahren zur systematischen Entspannung angewendet werden. Der Therapeut sollte darauf hinweisen, daß das Erlernen dieses Verfahrens regelmäßiges, d. h. tägliches Üben erfordert und mit dem Patienten zusammen überlegen, wann er das Entspannungstraining gut in den Tagesablauf integrieren kann. Für manche Patienten ist es leichter, sich einen festen Termin für das Entspannungstraining vorzunehmen (z. B. immer, wenn man von der Arbeit nach Hause kommt). Auf jeden Fall sollte der Patient täglich ca. 20 Minuten hierfür einplanen.

Regelmäßiges Üben für den Erfolg der PM ausschlaggebend

Tips zur Durchführung der PM
– das Entspannungstraining mindestens einmal täglich üben
– beim Entspannungstraining nicht unter Zeitdruck stehen
– einen ruhigen, ungestörten Ort wählen
– mögliche Störungsquellen ausschalten, z. B. Telefonstecker herausziehen

Um Mißerfolge und Frustrationserlebnisse zu vermeiden, ist folgende Regel sehr wichtig:

Das Entspannungstraining in den ersten Wochen noch nicht im Bett durchführen!

Das Entspannungstraining sollte erst dann im Bett als ,,Schlafhilfe" eingesetzt werden, wenn die Methode wirklich beherrscht wird. Das Verfahren gleichzeitig zu erlernen und als ,,Schlafhilfe" einzusetzen, kann zu Mißerfolg führen und den Patienten demotivieren. Die Muskelentspannung kann im Sitzen oder Liegen durchgeführt werden, wobei für den Einsatz in der Insomnie-Therapie die Patienten das Entspannungstraining auch tagsüber im Liegen beherrschen sollten, bevor sie es nachts im Bett anwenden. Im

36

Anhang findet sich eine Anleitung zur Muskelentspannung (siehe S. 73f.). Die Instruktion zur Entspannung sollte immer erheblich länger sein als die zur Anspannung, z. B. sollte auf eine Anspannungsanleitung von 5–7 Sekunden eine Entspannungsphase von 15–45 Sekunden folgen. Nach dem Heranführen an das Entspannungstraining werden mit dem Patienten nacheinander die Muskelgruppen besprochen und demonstriert, wie diese angespannt und entspannt werden. Es sollte ausreichend Gelegenheit gegeben werden, die Übungen auszuprobieren, Anspannung und Entspannung zu spüren und Fragen hierzu zu stellen. Zur besseren Konzentration und Entspannung ist es sinnvoll, die Augen zu schließen. Es bietet sich gerade zu Beginn des Entspannungstrainings an, alle Übungen zu wiederholen, d. h. jede Übung zweimal durchzuführen. Des weiteren können zum Ende des Entspannungstrainings nochmals alle Muskelgruppen nacheinander durchgegangen werden mit der reinen Entspannungsanweisung (unter Weglassung der Anspannungsanleitung, siehe auch die Anleitung im Anhang).

Nach dem Entspannungstraining holt der Therapeut das Feedback vom Patienten ein und erfragt, was der Patient bei den Übungen empfunden hat. Dabei sollte explizit auch nach Schwierigkeiten und Unannehmlichkeiten gefragt werden. Empfindungen von Wärme, Schwere, Fließen oder leichtes Kribbeln werden als Anzeichen von Entspannung gedeutet.

Feedback vom Patienten erbitten

Um das Entspannungstraining zu erlernen, ist eine vom Therapeuten mit den Entspannungsinstruktionen besprochene Cassette sehr hilfreich, damit der Patient Reihenfolge und Rhythmus der Übungen kennenlernt und sich von Anfang an voll auf das Entspannungstraining konzentrieren kann. Sobald Patienten jedoch die Übungen und die Reihenfolge beherrschen, sollten sie versuchen, sich auch ohne Cassette zu entspannen, um einerseits den eigenen Rhythmus zu finden und andererseits die Entspannung unabhängig von jedem Hilfsmittel im Alltag, insbesondere auch im Bett als „Schlafhilfe" einsetzen zu können.

Entspannungscassette

Probleme bei der Durchführung

Ein häufiges Problem bei den ersten Sitzungen zur Muskelentspannung sind störende Gedanken, die nicht abzuschalten sind. Dies entspricht der Situation, die viele schlafgestörte Patienten auch im Bett erleben. Man kann darauf hinweisen, daß dieses Problem häufig sei und sich mit fortschreitender Übung reduzieren wird. Wenn Patienten auch nach einigen Übungssitzungen dies immer noch als störend empfinden, können gedankliche Techniken empfohlen werden, z. B. sich vorzustellen, die Gedanken in einen Koffer oder eine Tasche zu packen, vor die Türe zu stellen und die Tür wieder zu schließen. Man kann sich die Gedanken auch als Wolken vorstellen, die vom Wind verweht werden.

Konzentrationsprobleme bei der Entspannung

Ein weiteres Problem kann auftreten, wenn Patienten ihre Muskeln zu fest anspannen, dabei verkrampfen oder Schmerzen auftreten. In diesem Fall sollte der Patient versuchen, die betreffende Muskelpartie weniger stark anzuspannen.

Wirkungsweise

Entspannungs-
training
durchbricht
Grübelkreisläufe

Die Progressive Muskelentspannung ist ein wirkungsvolles Therapieverfahren zur Behandlung von Insomnien, obgleich der ursprünglich angenommene Wirkfaktor – die Reduktion erhöhter körperlicher Anspannung – in den meisten Studien nicht bestätigt werden konnte (z. B. Borkovec & Fowles, 1973). Der Wirkmechanismus liegt wahrscheinlich eher im Durchbrechen unangenehmer, wachhaltender Grübelkreisläufe. Daher liegt es nahe, die körperliche Entspannung mit einem Verfahren zur gedanklichen Entspannung zu kombinieren, z. B. mit Ruhebildern und Phantasiereisen.

Varianten der Entspannung und Kombinationen

Cue-controlled
relaxation

In der Praxis hat es sich bewährt, den Patienten, wenn sie die Progressive Muskelentspannung beherrschen, eine reine *Entspannungs*form, unter Auslassen der *Anspannungs*komponente trainieren zu lassen. In Anlehnung an die Methode von Öst (1987) sollen die Patienten zunächst im Anschluß an das normale Entspannungstraining in Gedanken nochmals alle Muskelgruppen durchgehen und sich entspannen, ohne zuvor ihre Muskeln anzuspannen. Diese Methode hat für diejenigen Patienten Vorteile, die das Entspannungstraining im Bett als Schlafhilfe anwenden und das Anspannen der Muskeln dabei eher als störend oder wachmachend empfinden. Weiterhin bietet es sich an, Patienten darauf aufmerksam zu machen, daß sie die Entspannung an ein Wort oder Symbol koppeln können, indem sie dieses Wort (z. B. ,,Loslassen", ,,Entspannen") oder Symbol (z. B. ein Liegestuhl) im Zustand tiefer Entspannung denken, z. B. immer am Ende der Entspannungsübungen. Mit dieser ,,Cue-controlled relaxation" können sich Patienten, wenn sie gut in dieser Methode trainiert sind, im Bett recht schnell entspannen und darüber besser (ein-)schlafen.

Andere
Entspannungs-
verfahren

Alternativ zur Progressiven Muskelentspannung können auch andere Entspannungsverfahren wie das Autogene Training eingesetzt werden. Allerdings sind diese Verfahren nicht so häufig und gut evaluiert wie die Muskelentspannung. In der Praxis zeigt sich weiterhin, daß viele Insomnie-Patienten am Anfang oftmals mehr Schwierigkeiten mit dem Autogenen Training haben, da dies suggestiver als die Progressive Muskelentspannung ist und zudem beim Autogenen Training das als störend empfundene Gedanken-

38

kreisen häufig ausgeprägter ist als bei der Progressiven Muskelentspannung, bei der die Patienten aktiv Muskeln an- und entspannen und dabei störende Gedanken und Konzentrationsprobleme seltener sind.

6.2 Gedankliche Entspannung

Methode und Durchführung

Als Methoden zur gedanklichen Entspannung, kombiniert mit der Muskelentspannung, haben sich Ruhebilder und Phantasiereisen sehr bewährt. Dabei ist es zumeist für die Patienten einfacher, mit einem Ruhebild zu beginnen und erst dann, wenn die Ruhebild-Technik beherrscht wird, die Ruhebilder zu Phantasiereisen auszuweiten. Prinzipiell kann man unterscheiden zwischen vorgegebenen oder von Patienten selbst ausgesuchten und ausgeschmückten Ruhebildern und Phantasiereisen. Erstere haben den Vorteil, sofort verfügbar zu sein und damit den Einstieg in die gedankliche Entspannung zu erleichtern. Letztere dagegen sind individuell angepaßt und werden – da sich jeder Patient beliebig viele Situationen ausdenken kann – auf längere Sicht nicht langweilig. Der entscheidende Vorteil der selbstausgesuchten Ruhebilder und Phantasiereisen liegt jedoch darin, daß Patienten diese Technik ohne jedes Hilfsmittel (wie z. B. eine Cassette mit dem gesprochenen Ruhebild) anwenden können. Dies ist gerade in der Therapie von Schlafstörungen, wenn die Patienten diese Methode zum Einschlafen verwenden, von Bedeutung. Im folgenden wird daher die Methode des selbsterdachten Ruhebildes/Phantasiereise beschrieben. Anregungen für die Arbeit mit angenehmen Vorstellungsbildern (positive imagery) findet man z. B. bei Lazarus (1993).

Vorgegebene versus selbst erdachte Ruhebilder

Keine Hilfsmittel notwendig für die selbst erdachten Ruhebilder

Um dem Patienten die Logik des Ruhebildes zu erklären, ist es sinnvoll, auf den Zusammenhang zwischen Gedanken und Gefühlen einzugehen. Als Beispiele hierfür eignet sich z. B., daß Person A bei einem Geräusch in einem Haus an einen Einbrecher denkt, während Person B meint, daß der Wind das Rollo bewegt habe. Infolge dessen wird Person A möglicherweise ängstlich mit Herzklopfen und Anspannung reagieren, während Person B gelassen bleibt. In diesem Kontext kann man mit schlafgestörten Patienten die negativen Gedanken zum Schlaf, die gewöhnlich zu negativen Gefühlen wie Ängstlichkeit, Ärger, Wut, Hilflosigkeit und Niedergeschlagenheit führen können, besprechen. Häufig vorkommende schlafbezogene negative Gedanken und Erwartungsängste sind in Tabelle 9 aufgeführt.

Negative Gedanken zum Schlaf

Tabelle 9:

Häufige, negative schlafbezogene Gedanken und daraus resultierende Gefühle
(entnommen aus Backhaus & Riemann, 1996)

Situation	Gedanken	Gefühle
Am Abend	„Heute nacht muß ich aber unbedingt schlafen, sonst weiß ich nicht, wie es mit mir noch weitergehen soll."	Ängstlichkeit, Aufgeregtheit
Nach dem Zubettgehen	„Jetzt muß es aber doch klappen mit dem Einschlafen, ich habe doch letzte Nacht schon so wenig Schlaf gehabt, was soll ich denn nur machen. Jetzt ist schon wieder eine Stunde um und morgen bin ich wieder wie gerädert."	Hilflosigkeit, Ängstlichkeit
Nachts um 1.00 Uhr	„Jetzt ist es schon 1.00 Uhr, ich habe also nur noch maximal 6 Stunden zum Schlafen. Wenn ich nicht jetzt gleich einschlafe, kann ich morgen wirklich nichts leisten." „Warum können andere so problemlos schlafen, nur ich nicht?"	Hilflosigkeit, Kontrollverlust, Ängstlichkeit, Niedergestimmtheit Ärger, Wut über die Schlaflosigkeit
Beim Aufstehen am Morgen	„Das war wieder eine fürchterliche Nacht, der ganze Tag ist dadurch hinüber."	Hilflosigkeit, Bedrücktheit
Am Nachmittag bei der Arbeit oder Hausarbeit	„Wenn ich besser geschlafen hätte, würde ich viel mehr schaffen können."	Ärger

Ruhebilder und Wohlbefinden

Positive Gedanken (Ruhebilder) hingegen können eingesetzt werden, um angenehme Gefühle und Wohlbefinden zu erzeugen. Die Merkmale eines Ruhebildes sind in Tabelle 10 aufgeführt.

Tabelle 10:

Merkmale eines Ruhebildes

— Vorstellung einer angenehmen Situation, die mit Wohlbefinden und Entspannung assoziiert ist.

— Keine hektischen oder sehr schnelle Aktivitäten, z. B. anstrengende sportliche Aktivitäten, vorstellen.

— Die Situation kann eine schöne Erinnerung (z. B. Urlaubserinnerung) sein oder der Phantasie entspringen.

Hierbei soll sich der Patient eine für ihn persönlich angenehme Situation vorstellen. Ein leichter Zugang hierzu findet sich oftmals über Urlaubserinnerungen. Man kann den Patienten nach den letzten Urlauben befragen und danach, ob er spontan eine besonders angenehme, ruhige Situation erinnert, in der er sich richtig wohl gefühlt hat. Häufige Bilder sind z. B. Strandszenen oder schöne Ausblicke bei Bergwandertouren (ein Beispiel findet sich in Tab. 11; vgl. auch Backhaus & Riemann, 1996).

Das Ruhebild kann auch eine Phantasievorstellung sein oder aus dem alltäglichen Leben stammen, z. B. am Sonntagnachmittag im Garten im Liegestuhl liegen und die Wolken am Himmel betrachten.

Tabelle 11:
Beispiel für ein Ruhebild

Beispiel für ein Ruhebild: Am Ostseestrand
Es ist ein wunderschöner Tag im Spätsommer. Die Sonne scheint, es ist angenehm warm, aber nicht zu heiß, der Himmel ist blau und durchsetzt mit ein paar kleinen weißen Wolken. Ich sitze im Strandkorb dem Meer zugewandt, lehne mich zurück, habe die Beine und Füße ausgestreckt und sitze sehr bequem. Der Strand ist feinsandig und weiß-gelb. Ich sehe in das Wellenspiel, schaue zu, wie sich die Wellen leicht am Strand brechen und weiß aufschäumen. Am Himmel fliegen ein paar Möwen. Weiter entfernt spielen Kinder und bauen eine Sandburg. Ich höre das angenehme Wellenschlagen, habe die Augen geschlossen und genieße die wärmende Sonne und den leichten Wind auf der Haut. Ich hole tief Luft und rieche und schmecke die Meerluft. Es ist angenehm ruhig um mich herum und ich fühle mich wohlig und entspannt.

Zur Konkretisierung des Ruhebildes geht man zusammen mit dem Patienten die einzelnen Sinne durch: Was wird in der Situation gesehen, gehört, gerochen, gefühlt, geschmeckt und wie sind die Umstände der Situation z. B. das Wetter, die Tageszeit, die Uhrzeit betreffend.

Konkretisierung des Ruhebildes durch die verschiedenen Sinne

Die Patienten müssen darüber aufgeklärt werden, daß es normal ist, wenn das Ruhebild nur kurze Zeit vorstellbar ist und dann eventuell wieder durch andere Vorstellungen abgelöst wird. Zudem sollte man nicht die Schärfe einer Abbildung wie bei einer Fotografie erwarten. Weiterhin ist die Ausprägung der Sinne bei Menschen sehr verschieden: Während visuelle Typen schnell Bilder vor dem inneren Auge sehen können, gelingt es anderen eher, eine auditive Vorstellung zu haben. Zentral beim Ruhebild ist das Wohlbefinden, welches die Vorstellung auslöst. Der Therapeut kann den Patienten bitten, in der kommenden Woche sich selbst zu beobachten, in welchen Situationen er sich besonders wohl fühlt und welche Situationen sich als Ruhebild eignen könnten. Grundsätzlich sollte Patienten empfohlen werden, sich tagsüber ab und zu Ruhebilder zu suchen und kurz vorzustellen; hierdurch entfällt die Suche nach einem Ruhebild in der konkreten Entspannungssituation und zudem wird das Hineinversetzen in Ruhebilder zusätzlich geübt.

Das Ruhebild kann in die Anleitung zur Progressiven Muskelentspannung integriert werden, z. B. nach der Brust-Atem-Übung und nach der Fuß-Beine-Gesäß-Übung. Eine Anleitung zum Ruhebild findet sich im Anhang (siehe S. 74).

Schließlich kann das Ruhebild nach einiger Übungszeit zu einer Phantasiereise ausgeweitet werden: Z. B. kann aus der angenehmen Alpensicht, die man bei einer Rast auf einer Bank oder Wiese genossen hat (Ruhebild), eine Bergwanderung werden (Phantasiereise). Eine weitere Beschreibung findet sich z. B. im Patientenmanual von Backhaus und Riemann (1996).

Phantasiereise

Probleme bei der Durchführung

Während sich die meisten Patienten recht schnell eine Situation im Sinne eines Ruhebildes vorstellen können, fällt manchen Patienten keine Situation ein. Der Therapeut sollte dann in einer vertiefenden Exploration versuchen, mit dem Patienten zusammen herauszufinden, welche Situationen für ihn angenehm und mit Wohlbefinden assoziiert sind. Der Therapeut kann z. B. erfragen, was der Patient in seiner Freizeit gerne unternimmt. Der Therapeut sollte den Patienten darauf hinweisen, daß es sich beim Ruhebild keineswegs um eine außergewöhnliche Situation handeln muß, sondern sich auch ganz normale Alltagsgegebenheiten, wie z. B. sonntags in aller Ruhe am

Leistungs-orientierte Patienten Frühstückstisch zu sitzen, als Ruhebild eignen können. Dieser Hinweis ist gerade für sehr leistungsorientierte Patienten wichtig, die sich selbst häufig unter Druck setzen und beim Ruhebild nach einer vollkommenen, idealen Situation suchen, die sie nicht finden können.

Manche Patienten fragen, ob sie während einer Instruktion zum Ruhebild versuchen sollen, bei einem Bild zu bleiben oder aber zwischen verschiedenen Bildern springen können. Der Therapeut kann erklären, daß das Ruhebild am ehesten dann zu einem Gefühl der Ruhe und des Wohlbefindens führt, wenn man sich einige Zeit in diese Situation hineinversetzt, während das Hin- und Herspringen zwischen verschiedenen Situationen eher zu Unruhe führt.

Ein weiteres Problem beim Ruhebild tritt auf, wenn sich Patienten ambivalente oder wehmütig stimmende Erinnerungen als Ruhebild aussuchen. Es empfiehlt sich daher, Patienten zu instruieren, daß das Ruhebild in der Regel weder nahestehende Personen enthalten noch allzu ferne Erinnerungen an eine aus verschiedensten Gründen nicht mehr zu erreichende Vergangenheit beinhalten sollte. Beispielsweise versuchte sich eine 78jährige Patientin immer wieder eine Schiffsszene ihrer Hochzeitsreise vorzustellen, die schon über 55 Jahre zurücklag und bei ihr außer der durchaus schönen Erinnerung sehr viel Wehmut über die vergangene Jugend und Gedanken über die Probleme des Alterns wachwerden ließen.

Fehlende positive Erlebnisse oder Aktivitäten Hat der Patient auch mit Hilfe des Therapeuten keine Idee für ein Ruhebild, stellt sich häufig heraus, daß keine als positiv erlebten Freizeitaktivitäten vorhanden sind; in einem solchen Falle, sollte der Therapeut hier einen Ansatzpunkt sehen, im Rahmen der Therapie solche Aktivitäten (wieder) aufzubauen. Hierzu kann der Patient zunächst einen Wochenplan über die Aktivitäten und deren Bewertung hinsichtlich Stimmung/Vergnügen ausfüllen (Selbstbeobachtung) und anschließend z. B. anhand einer Liste mögliche positive Aktivitäten aussuchen und in den Alltag umsetzen. Zum Vorgehen beim Aufbau positiver Aktivitäten siehe z. B. Hautzinger (1998).

42

Wirkungsweise

Gedankliche Entspannung soll zur Ablenkung von den üblichen, oftmals negativen Gedanken, zum Unterbrechen von Grübelkreisläufen, die häufig von Ärger- oder Angstgefühlen begleitet sind, führen. Wie im Kapitel über Störungstheorien dargestellt, sind Kognitionen wichtige aufrechterhaltende Faktoren und werden von Patienten mit Insomnie als relevanter eingeschätzt als körperliche Symptome wie Muskelverspannung, Herzklopfen oder ähnliches (Nicassio et al., 1985). Während zu Beginn einer Insomnie das Grübeln einsetzt, weil das Einschlafen verzögert ist, erschwert bei der chronifizierten Insomnie das inzwischen „antrainierte" Grübeln im Bett das Ein- und Durchschlafen. Ein typischer Teufelskreis ist in Abbildung 4 dargestellt.

Grübeln unterbrechen

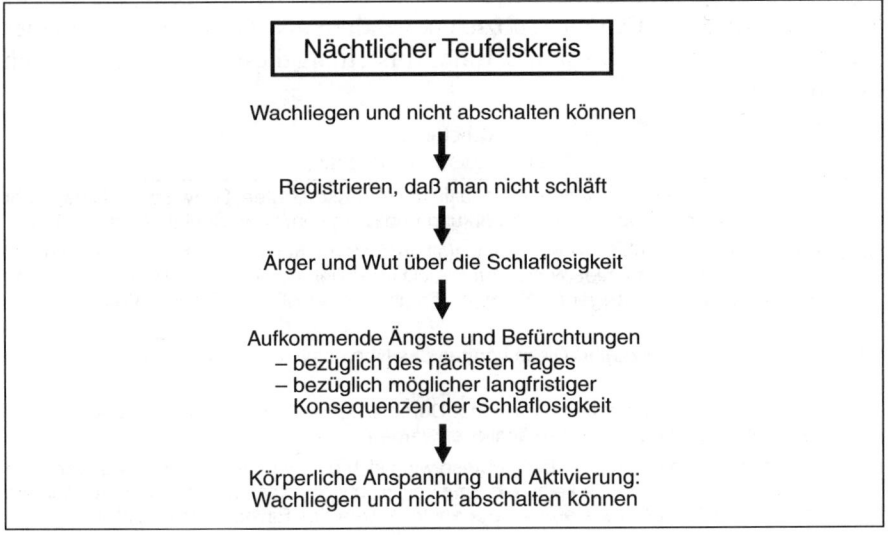

Abbildung 4:
Teufelskreis bei psychophysiologischer Insomnie

6.3 Psychoedukation: Aufklärung über den Schlaf und Regeln für einen gesunden Schlaf („Schlafhygiene")

Zur Insomnietherapie gehört die Vermittlung einiger grundlegender Informationen über den Schlaf und die Schlafstörungen. Die Aufklärung über den Schlaf soll helfen, Erwartungen, Standards und Mythen, die Patienten häufig haben, mit wissenschaftlich gesicherter Information zu entkräften. Hierzu zählen Aussagen wie „schlechter Schlaf schadet der Gesundheit und macht krank", „der Schlaf vor Mitternacht ist der gesündeste", „acht Stunden Schlaf braucht der Mensch". Der Therapeut sollte sich ein Basiswissen über

Aufklärung über Schlaf

den Schlaf angeeignet haben (siehe Kap. 4.1), um entsprechende Fragen des Patienten beantworten und falsche Vorstellungen korrigieren zu können.

Wieviel Stunden Schlaf braucht der Mensch?

Mit der Frage „Was denken Sie: Wieviel Stunden Schlaf braucht der Mensch?" bekommt der Therapeut einen Einblick in das Vorwissen des Patienten. Einige Insomnie-Patienten bringen schon eine Menge Wissen über den Schlaf mit in die Therapie und müssen nicht erst darüber aufgeklärt werden, daß nicht jeder Mensch acht Stunden Schlaf benötigt, sondern die Schlafdauer individuell sehr verschieden ist. Morgen- und Abendtypen, Lang- und Kurzschläfertypen sollten vom Therapeuten erklärt werden. Weiterhin sollte die Aufklärung über Veränderungen im Schlaf-Wach-Rhythmus über die Lebensspanne nicht fehlen, insbesondere die Information, daß der Schlaf mit dem Alter oberflächlicher und damit störanfälliger wird.

Schlafdauer individuell sehr verschieden

Der Schlaf wird mit dem Alter oberflächlicher und damit störanfälliger

Vermittlung „schlafhygieni-scher" Regeln gehört zu jeder Insomnie-therapie!

Die Vermittlung der sogenannten „schlafhygienischen" Regeln , die auf das Schlafverhalten der Patienten abzielen, gehören als Basisbaustein zu jeder Therapie der primären Insomnie. Eine Aufstellung dieser Regeln findet sich in Tabelle 12.

Tabelle 12:
Schlafhygienische Regeln

1.	Nach dem Mittagessen keine koffeinhaltigen Getränke (Kaffee, Schwarztee, Cola) mehr trinken. Koffein hat stimulierende Wirkung und kann somit den Schlaf beeinträchtigen.
2.	Vermeiden von Alkohol! Alkohol keinesfall als Schlafmittel einsetzen. Alkohol kann das Einschlafen zwar beschleunigen, unterdrückt aber Tief- und REM-Schlaf. Nach Alkoholgenuß wird der Schlaf gegen Morgen oftmals oberflächlich und durch Wachperioden unterbrochen.
3.	Verzicht auf Appetitzügler! Diese können das Nervensystem stimulieren und somit den Schlaf stören.
4.	Keine schweren Mahlzeiten am Abend! Durch erhöhte Magen- und Darmtätigkeit kann der Schlaf unruhiger und oberflächlicher werden.
5.	Regelmäßige körperliche Aktivität! Diese wirkt sich günstig auf den Schlaf aus (erhöhte Tiefschlafanteile). Jedoch keine extreme körperliche Aktivität in den Abendstunden, da dadurch die Körpertemperatur wieder ansteigt, was das Einschlafen beeinträchtigt.
6.	Allmähliche Verringerung geistiger und körperlicher Anstrengung vor dem Zubettgehen: keine anstrengenden körperlichen oder geistigen Tätigkeiten direkt vor dem Schlafengehen, sondern den Tag ruhig ausklingen lassen.
7.	Ein persönliches Einschlafritual kann den Schlaf fördern! Z.B. ein regelmäßiger Spaziergang vor dem Zubettgehen, Entspannungsmusik oder ähnliches.
8.	Das Schlafzimmer sollte eine angenehme Atmosphäre haben; richtige Temperatur, gut verdunkelbar, keine Lärmquellen.
9.	In der Nacht nicht auf den Wecker oder die Uhr schauen! Das häufige Kontrollieren der Zeit in der Nacht kann eine Schlafstörung konditionieren. Durch das Wegdrehen des Weckers aus dem Gesichtsfeld sollen Gewöhnungsprozesse und sich selbst erfüllende Prophezeiungen sowie erhöhter Leistungsdruck durchbrochen werden, um die Gelassenheit in der Nacht zu fördern.

Die Regeln für einen gesunden Schlaf bzw. zur sogenannten „Schlafhygiene" sind den meisten Patienten zumindest teilweise bekannt. Trotzdem sollte deren Vermittlung zu jeder Insomnietherapie gehören, da sich erfahrungsgemäß zeigt, daß recht häufig dagegen verstoßen wird. Lacks und Rotert

(1986) erfragten die Kenntnisse über schlafhygienische Regeln und die Durchführung entsprechender Verhaltensweisen bei Patienten mit Insomnie und Personen ohne Schlafstörungen. Während die Schlafgestörten zwar signifikant mehr über Schlafhygiene wußten als die Nichtschlafgestörten, gaben sie weniger Verhaltensweisen an, die den schlafhygienischen Regeln entsprachen als die Kontrollprobanden. Daher sollten alle vorgeschlagenen Verhaltensmaßnahmen mit dem Patienten besprochen und erklärt werden. Dabei sollte das Thema Alkohol als ,,Schlafmittel" ausführlich besprochen und dabei vermittelt werden, daß Alkohol zwar kurzfristig das Einschlafen etwas erleichtern kann, dafür aber das Durchschlafen verschlechtert, da die Tiefschlafphasen unterdrückt bzw. vermindert werden und der Schlaf so störanfälliger wird. Zudem wird der REM-Schlaf zunächst durch Alkohol unterdrückt, bei nachlassendem Alkoholspiegel gegen Morgen kann es dann zu vermehrten REM-Schlaf kommen (REM-Rebound), der mit Alpträumen einhergehen kann.

Alkohol als ,,Schlafmittel"

Probleme bei der Durchführung

Häufige Argumente für die Nicht-Befolgung dieser Regeln, z. B. bezüglich des Verzichtes auf Kaffee am Abend, sind singuläre Erfahrungen von Patienten, daß es Nächte gegeben hat, in denen sie trotz abendlichen Kaffeetrinkens ausnahmsweise gut geschlafen und in anderen Nächten ohne abendlichen Kaffeegenuß schlecht geschlafen hätten. Mit dem Patienten können die verschiedenen, seine Schlafstörung aufrechterhaltenden Faktoren besprochen und gezeigt werden, daß in der Regel nicht eine einzige Verhaltensweise die Schlafstörung aufrechterhält und solche Ausnahmen durchaus möglich sind, jedoch nicht generell gelten. Der Patient sollte ermutigt werden, mit dem Therapeuten eine Zeit (z. B. 3 Wochen) festzulegen, in der er auf das schlafstörende Verhalten (z. B. abendlicher Kaffeekonsum) verzichtet und erst anschließend diese Maßnahme bewertet.

Bei Patienten, die regelmäßig Alkohol zum Einschlafen trinken, muß der Verdacht auf eine Alkoholabhängigkeit abgeklärt werden und ggf. eine entsprechende Therapie eingeleitet werden. Wenn keine Abhängigkeit besteht, gilt für den abendlichen Alkoholkonsum ähnliches wie für den Kaffeekonsum: Therapeut und Patient sollten einen zeitlichen Rahmen festsetzen, in dem der Patient auf den abendlichen Konsum verzichtet und die Auswirkungen dieser Maßnahme im Schlaftagebuch festhält. Ziel dieser Maßnahmen ist auch, daß der Patient zum ,,Experten" für seinen Schlaf wird und die schlafbehindernden Verhaltensweisen vermeiden lernt. Der Patient sollte ermutigt werden, mit Hilfe des Therapeuten mit Verhaltensänderungen zu ,,experimentieren", d. h. sich auf Veränderungen einzulassen und die Maßnahmen erst nach ihrem Vollzug zu bewerten.

Besonders schwer fällt manchen Patienten die Regel, in der Nacht nicht mehr auf die Uhr zu schauen. Viele haben sich den Blick zur Uhr in den Jahren der Schlafstörung angewöhnt, setzen sich damit oftmals unter Druck und versuchen noch mehr, willentlich einzuschlafen, was den Schlaf mehr verhindert als fördert. Zudem kann es zu Konditionierungsprozessen kommen, so daß der Patient jede Nacht etwa um dieselbe Zeit erwacht und sich durch den Blick auf die Uhr wieder in seiner Schlafstörung bestätigt fühlt. Mit dem Patienten muß das Rationale dieser Maßnahme besprochen und vermittelt werden, daß die Voraussetzungen für den Schlaf Gelassenheit, Loslassen-Können und Entspannung sind, dem oftmals der kontrollierende Blick auf die Uhr mit dem Druckgefühl, endlich schlafen zu müssen, entgegensteht.

Patienten, die ohne Wecker schlafen, häufig jedoch unter Früherwachen leiden, sollten bewußt einen Wecker auf die gewünschte Aufstehzeit stellen (auch wenn sie ihn eigentlich nicht brauchen), was bei manchen Patienten ebenfalls zu einer höheren Gelassenheit und damit besseren Schlaffähigkeit führen kann.

6.4 Stimuluskontrolle und Schlaf-Wach-Rhythmus-Strukturierung

Methode und Durchführung

Basierend auf der Annahme, daß Insomnien durch Lernprozesse bedingt oder zumindest aufrechterhalten werden (s. Kap. 2) konzipierte Bootzin (1991) die Stimuluskontroll-Therapie für Insomnien. Hinter dem Prinzip der Stimuluskontrolle steht die Annahme, daß für viele Patienten das Bett seinen Hinweischarakter für Schlaf verloren hat. Schlafzimmer und Bett sind zum Auslösereiz für Aktivitäten wie Fernsehen, Essen, Grübeln usw. geworden, die Wachheit erfordern. Dadurch hat das Bett seine Qualität als Stimulus für Schlaf verloren, und der bekannte Effekt, zwar sehr müde zu Bett zu gehen, dann aber wieder hellwach zu sein, tritt ein. Ziel der Therapie ist neben der Strukturierung des Schlaf-Wach-Rhythmus, daß das Bett und das Schlafzimmer wieder mit Schlaf assoziiert werden. Lernvorgänge, in denen das Bett mit Wachheit erfordernden Aktivitäten wie Lesen, Fernsehen, Radiohören, Essen oder Grübeln gekoppelt wurde, sollen rückgängig gemacht werden. Die Regeln der Stimuluskontrolle sind in Tabelle 13 aufgeführt.

Die Regel, nur dann zu Bett zu gehen, wenn man wirklich müde ist, erscheint auf den ersten Blick als Selbstverständlichkeit, die jedoch Patienten mit Insomnie im Laufe ihrer Schlafstörung nicht selten abhanden gekommen ist. Durch Einhaltung dieser Regel sollen die Patienten wieder sensitiver für Müdigkeit werden sowie die Wahrscheinlichkeit, schnell einschlafen zu können, erhöht werden. Das Ziel der Regel Nr. 2 ist, daß Tätigkeiten oder

(Marginalie:) **Bett verliert Hinweischarakter für Schlaf**

46

anstrengende Gedanken, die Wachheit erfordern und an die Schlafumgebung konditioniert wurden, gelöscht werden. Auch durch die Regeln 3 und 4 soll die Kopplung zwischen Bett und Schlaf wieder enger werden, indem längere Wachphasen im Bett vermieden werden.

Tabelle 13:
Schlaf-Wach-Rhythmus-Strukturierung durch Stimuluskontrolle

1.	Nur bei ausgeprägter Müdigkeit zu Bett gehen.
2.	Das Bett nur zum Schlafen verwenden. Keine Aktivitäten im Bett wie Fernsehen, Lesen, Essen oder ähnliches, sondern das Bett nur zum Schlafen benützen (Ausnahme: sexuelle Aktivitäten).
3.	Keine langen Wachphasen im Bett. Wenn das Einschlafen längere Zeit nicht gelingt bzw. wenn längere Wachphasen auftreten, in der Nacht das Bett verlassen und einer angenehmen Tätigkeit nachgehen, z. B. im Wohnzimmer Musik hören oder Lesen. Erst bei Müdigkeit wieder zurück ins Bett gehen.
4.	Wenn nach Befolgen der 3. Regel das Einschlafen immer noch nicht gelingt, diese Regel einmal oder mehrfach wiederholen.
5.	Morgens jeweils regelmäßig um die gleiche Zeit aufstehen (Wecker stellen), unabhängig von der Dauer des Nachtschlafs. Auch am Wochenende!
6.	Keine Nickerchen am Tag wie Mittagsschlaf oder Schlaf abends vor dem Fernseher!

Bootzin empfiehlt bei Erwachsenen, nach ca. 10 Minuten Wachliege-Zeit das Bett wieder zu verlassen, bei älteren Personen über 60 Jahren nach ca. 20 Minuten. Eine Erweiterung der Stimuluskontroll-Therapie stellt die oben schon genannte schlafhygienische Regel dar, während der Nacht nicht auf die Uhr zu schauen.

Durch das regelmäßige tägliche Aufstehen zu einer bestimmten Uhrzeit unabhängig von der Dauer des Nachtschlafs (Regel 5) sowie durch das Verbot, tagsüber zu schlafen (Regel 6), soll der Schlaf wieder enger an bestimmte Bettzeiten geknüpft und der Schlaf-Wach-Rhythmus stabilisiert werden.

Zur Durchführung der Schlaf-Wach-Rhythmus-Strukturierung ist es wichtig, die Teilnehmer zu informieren, daß die Einhaltung dieser Regeln erst nach einiger Zeit zum Erfolg führt. Keineswegs sollen Patienten erwarten, daß sich ihr Schlaf schon innerhalb kurzer Zeit, d.h. nach wenigen Tagen verbessert. Zudem muß in Kauf genommen werden, daß sich zu Beginn bei Durchführung dieser Maßnahmen die Schlafzeit sogar etwas verkürzt und mithin als Nebenwirkung vermehrte Tagesmüdigkeit kurzfristig auftreten kann. Demgegenüber bestehen jedoch bei Durchführung dieser Maßnahmen gute Aussichten auf eine deutliche Besserung der insomnischen Beschwerden.

Die Schlaf-Wach-Rhythmus-Strukturierung braucht Zeit

Tagesmüdigkeit als Nebenwirkung

Eine Verkürzung der Bettzeit erhöht die Wahrscheinlichkeit für Schlaf während der Bettzeit. Ein Ansteigen der Schlafeffizienz, d. h. des Anteils der Schlafzeit an der Bettzeit, wird in der Regel sehr positiv erlebt, da gerade die langen Wachphasen im Bett, die häufig mit Grübeleien, Ärger oder Angst verbunden sind, für die Patienten sehr frustrierend und belastend sind. Da eine Reduktion der Bettzeit von vielen Patienten als mühsam empfunden wird und sich erst spät positiv auswirkt, erhält die Motivierung der Patienten für dieses Therapieelement einen besonderen Stellenwert. Die Stimuluskontrolle eignet sich sehr gut zur Vermittlung in der Gruppe, da sich die Teilnehmer gegenseitig motivieren. In der Regel erzielen einige Gruppenteilnehmer hiermit recht schnell Therapieerfolge, was die anderen Gruppenteilnehmer sehr motiviert, die Maßnahmen durchzuhalten, auch wenn sie selbst nicht sofort Verbesserungen verspüren.

Probleme bei der Durchführung

Die Stimuluskontrolle ist ein Therapieverfahren, das vom Patienten oft gravierende Verhaltensveränderungen abverlangt, deren Auswirkungen jedoch meist erst nach einigen Wochen spürbar werden. Hierauf sind die Patienten hinzuweisen und dazu zu motivieren, auch die kurzfristige Nebenwirkung dieser Therapie – weniger Schlaf, mehr Tagesmüdigkeit – in Kauf zu nehmen. Patienten sollten darüber aufgeklärt werden, daß eine Veränderung im Schlaf-Wach-Rhythmus einer Gewöhnungzeit bedarf, und die

Maßnahme nur dann wirksam werden kann, wenn sie über mehrere Wochen konsequent durchgehalten wird. Einige Patienten fürchten um ihre Lebensqualität und sorgen sich z.B. darüber, lebenslang auch am Wochenende früh aufstehen zu müssen. Hier kann entgegnet werden, daß die strikte Einhaltung der Regeln solange zu gelten hat, wie die Schlafstörung besteht sowie noch einige Zeit darüber hinaus. Hat sich wieder ein zufriedenstellender Schlaf eingestellt, können die Regeln vorsichtig gelockert werden, d.h. daß man z.B. sonntags wieder etwas länger im Bett liegen kann. Um auf die notwendige aktive Wachzeit am Tage zu kommen, kann man dann ausgleichend Sonntag abend etwas später zu Bett gehen. Weiterhin haben die Patienten, wenn sie das Therapie-Rationale verstanden haben und erste Therapieerfolge spüren, für die Zukunft ein Erklärungsmuster, das dem Gefühl der Hilflosigkeit vorbeugt: wenn man grob gegen die Regeln zur Schlafhygiene oder Stimuluskontrolle verstößt, ist das Schlafproblem erklärbar und der Patient ist dem Problem nicht mehr hilflos ausgeliefert, da er Maßnahmen kennt, um die insomnischen Beschwerden wieder zu beheben.

Wirkungsweise

Während die Effektivität der Stimuluskontrolle gut belegt ist, ist es nicht eindeutig, ob der von Bootzin angenommene Wirkmechanismus, die Konditionierung von Bett und Schlaf, tatsächlich der ausschlaggebene Faktor in der Therapie ist. Zwart und Lisman (1979) zeigten – allerdings an einer rein

studentischen Stichprobe – daß die genau gegenteiligen Anweisungen zur Stimuluskontrolle, die „Gegenkontrolle" genauso wirksam ist. Bei der „Gegenkontrolle" sollten die Probanden, die nicht innerhalb von 10 Minuten einschliefen, im Bett Aktivitäten ausführen wie Lesen, Fernsehen und Essen. Zusätzlich mußten sie auch tagsüber mindestens eine halbe Stunde im Bett verbringen und die Zeit mit solchen Aktivitäten ausfüllen. Die Gegenkontrollbedingung war in dieser Studie genauso wirksam wie die Stimuluskontrollbedingung, während die anderen Kontrollgruppen keine signifikante Besserung aufwiesen. Auch in einer Studie von Davies et al. (1986) erwies sich die „Gegenkontrolle" bei Durchschlafgestörten als wirksam. Wenn beide Methoden wirksam sind, erscheint es plausibel anzunehmen, daß durch beide Verfahren ein schlafstörender Mechanismus – wahrscheinlich das Grübeln im Bett – unterbunden wird.

Varianten der Schlaf-Wach-Rhythmus-Strukturierung

In unseren Therapiegruppen hat sich ein modifiziertes Verfahren, bestehend aus einer individuell abgestimmten Bettzeit-Verkürzung mit Elementen der Stimuluskontrolle bewährt. Hierbei wird die Bettzeit nicht so extrem verkürzt wie bei der Methode der Schlafrestriktion (Näheres darüber weiter unten).

Individuell abgestimmte Bettzeit-Verkürzung

Über die Frage „Wieviel Stunden Schlaf brauchen Sie *persönlich*, um sich erholt zu fühlen?" kann man einen Einstieg in die Regeln der Schlaf-Wach-Rhythmus-Strukturierung bekommen. Diese Frage führt in der Regel zu einer realistischeren Angabe bezüglich der Schlafdauer als die Frage „Wieviel Stunden möchten Sie schlafen?" Das individuelle Richtmaß für ausreichenden Schlaf ist die Ausgeruhtheit am Tage. Eine kurze oder unterbrochene Schlafdauer *ohne Beeinträchtigungen am Tage* ist definitionsgemäß keine Schlafstörung mit Diagnosewertigkeit (vgl. Kap. 1).

Frage nach persönlichem Schlafbedarf

Patienten mit primärer Insomnie liegen oftmals nicht nur im Vergleich zu ihrer subjektiv geschätzten durchschnittlichen Schlafzeit, sondern auch zu der Mindestschlafdauer, nach der sie sich erholt fühlen, viel zu lange im Bett. Der Therapeut sollte anhand des Schlaftagebuchs den Schlaf-Wach-Rhythmus mit dem Patienten besprechen.

Beispiel:	
Vom Patienten geschätzte durchschnittliche Schlafdauer:	4–5 Stunden
Vom Patienten angegebene Mindestschlafdauer, um sich tagsüber erholt zu fühlen:	6,5 Stunden
Im Schlaftagebuch angegebene durchschnittliche Bettzeit:	8–10 Stunden
Empfohlene neue Bettzeit: vom Patienten angegebene benötigte Mindestschlafdauer + 1/2 Stunde:	**7 Stunden**

Empfehlenswert ist eine Bettzeit, die nicht mehr als eine halbe Stunde über der Schlafdauer liegt, nach der ein Insomnie-Patient sich tagsüber ausgeruht fühlt. Grundlage für die Stabilisierung des Schlaf-Wach-Rhythmus ist eine hinreichend lange Wachperiode am Tag als Voraussetzung für einen ausreichend hohen Schlafdruck in der Nacht. Ein Patient, der sich z. B. nach 6,5 Stunden ausgeruht fühlt, sollte eine Bettzeit von nicht mehr als 7 Stunden aufweisen und dementsprechend eine Wachphase von 17 Stunden haben. Diese Regel bedeutet für die Mehrzahl der Insomnie-Patienten, daß sie ihre Bettzeit verkürzen müssen. Der Therapeut bespricht mit dem Patienten, ob die Verkürzung durch späteres Zu-Bett-gehen und/oder früheres Aufstehen erfolgen soll. Morgentypen („Lerchen") fällt es in der Regel leichter, morgens früher aufzustehen anstatt später zu Bett zu gehen, während das Umgekehrte für Abendtypen („Eulen") gilt. Bei Patienten, die weder ausgeprägte Morgen- oder Abendtypen sind, kann die Verkürzung auf den Abend und den Morgen verteilt werden. Wichtig ist, mit dem Patienten zu besprechen, wie er die gewonnene „Wach-Zeit" nutzen kann. Hierbei sollten möglichst angenehme Tätigkeiten oder Hobbies, für die im Alltag zu wenig Zeit bleibt und die eher belohnenden Charakter haben, gewählt werden.

(Marginalie:) **Lange Wachperioden: Voraussetzung für Schlafdruck**

(Marginalie:) **Nutzung der gewonnenen „Wach-Zeit"**

Diese Bettzeit-Verkürzung wird kombiniert mit den Regeln der Stimuluskontrolle, allerdings mit Ausnahme der Regel nachts aufzustehen, wenn man nicht schlafen kann. Die Bettzeit generell zu verkürzen, indem man abends länger wach bleibt bzw. morgens früher aufsteht, fällt den meisten Patienten sehr viel leichter als das Aufstehen mitten in der Nacht. Zudem kann die zusätzliche, durch die Bettzeit-Verkürzung gewonnene Zeit vorher verplant werden und z. B. am Abend für gesellige Aktivitäten genutzt werden, was wiederum belohnenden Charakter hat. Es ist den Patienten jedoch freigestellt, bei längeren Wachphasen in der Nacht auch bei generell verkürzter Bettzeit aufzustehen; manche Patienten können durch das Aufstehen am besten ihre Grübelkreisläufe durchbrechen.

(Marginalie:) **Ältere Patienten: Vereinsamung und überlange Bettzeiten**

Insbesondere bei älteren Patienten hängen überlange Bettzeiten nicht selten mit Vereinsamung und Langeweile zusammen, so daß hier die Bettzeitverkürzung mit einer ausführlichen Beratung und ggf. Aktivitätenausbau (vgl. z. B. Hautzinger, 1998) einhergehen muß.

(Marginalie:) **Tagschlaf**

Eine weitere Modifikation betrifft den Tagschlaf. Diesbezüglich sollte der Therapeut den Patienten befragen, ob er tagsüber schlafen kann und sich danach erholt fühlt. Über 90 % der Patienten mit Insomnie können tagsüber nicht schlafen, legen sich aber trotzdem häufig hin und versuchen es immer wieder. Für diese Patienten sollte die Regel besprochen werden, daß sie sich tagsüber und abends vor der Hauptschlafperiode *nicht* hinlegen (entsprechend den Regeln der Stimuluskontrolle). Für die wenigen Patienten mit Insomnie, die tagsüber schlafen können und sich danach erholt fühlen, sollte besprochen werden, daß der Mittagschlaf auf maximal eine Stunde begrenzt

(Marginalie:) **Mittagsschlaf nach individuellen Bedürfnissen**

50

werden sollte und akzeptiert werden muß, daß dieser Schlaf zur Gesamt-schlafdauer gehört, sich der Nachtschlaf mithin um diese Stunde verkürzen kann. Auch diese Patienten sind darauf aufmerksam zu machen, daß Nik-kerchen kurz vor der Hauptschlafperiode (z. B. abends vor dem Fernseher) den Schlafdruck für die Nacht nehmen und die Schlafstörung verfestigen, d. h. auf Nickerchen somit ganz verzichtet werden sollte.

6.5 Schlafrestriktion

Methode und Durchführung

Schlafdeprivation führt bei gesunden Schläfern zu schnellerem Einschlafen, tieferem Schlaf und geringerer Aufwachfrequenz. Diese Beobachtungen führten zu der Annahme, daß durch Schlafdeprivation insomnische Be-schwerden vermindert werden könnten. Bei der Methode der Schlafrestrik-tion (Spielman et al., 1987) wird der Schlaf jedoch nicht für eine bestimmte Zeit ganz entzogen, sondern die *im Bett verbrachte Zeit restriktiv verkürzt*.

Hierzu muß der Patient zunächst für zwei Wochen ein Schlaftagebuch führen, in dem er seine Bettzeiten protokolliert und die Einschlafzeit, Aufwachfrequenz und Gesamtschlafdauer einschätzt. Anhand dieser Daten errechnet der Therapeut zusammen mit dem Patienten die Schlafeffizienz.

Schlafeffizienz =

Prozent-Anteil der geschlafenen Zeit an der Bettzeit:

Schlafdauer/Bettzeit × 100

Die Bettzeit wird hierzu begrenzt auf die vom Patienten in der Baselineer-hebung subjektiv geschätzte Schlafzeit, beträgt jedoch mindestens $4\frac{1}{2}$ Stunden. Schätzt der Patient seine Schlafzeit durchschnittlich z. B. auf 5 Stunden ein, wird die Bettzeit auf 5 Stunden begrenzt. Lag er vorher 9 Stunden, z. B. von 22.00 bis 7.00 Uhr im Bett, wird die Bettzeit nun um 4 Stunden verkürzt, z. B. auf 0.30 bis 5.30 Uhr oder 1.00 bis 6.00 Uhr. Es ist mit dem Patienten abzusprechen, ob mehr am Abend oder Morgen von der Bettzeit verkürzt wird, allerdings ist es in den meisten Fällen ratsamer, die wache Zeit am Abend auszudehnen, da Patienten mit dieser gewonnenen Zeit oftmals mehr anfangen können (abendliche gesellige Aktivitäten, Fern-sehen) als früh morgens ab 3.00 oder 4.00 Uhr. Liegt dann die Schlafeffi-zienz im Mittel über 5 Tage bei 90 % oder darüber, wird die Bettzeit um eine Viertelstunde ausgedehnt, also z. B. von 1.00–6.00 auf 0.45–6.00 Uhr. Liegt die Schlafeffizienz zwischen 90–85 % bleibt die vorhergehende Bettzeit bestehen; sinkt die Schlafeffizienz unter 85 %, wird die Bettzeit um eine Viertelstunde verkürzt. Auch wenn zur Berechnung nur die jeweils letzten

Mindestbettzeit:
4 1/2 Stunden

51

5 Tage herangezogen werden, gilt als Zusatzregel, daß Verkürzungen der Bettzeit nicht innerhalb der ersten 10 Tage der Therapie und nicht innerhalb von 10 Tagen nach einer Veränderung der Bettzeiten vorgenommen werden. Insgesamt ist die Therapie bei Spielman auf 8 Wochen angelegt.

Beispiel:	
Vom Patienten geschätzte durchschnittliche Schlafdauer:	5 Stunden
Durchschnittliche Bettzeit:	9 Stunden
Schlafeffizienz:	55,5 %
Therapieempfehlung:	
Bettzeitverkürzung auf bis die Schlafeffizienz bei 90 % liegt, anschließend Erhöhung der Bettzeit um eine 1/4 Stunde	5 Stunden
Sinkt die Schlafeffizienz wieder unter 85 %, wird die Bettzeit um eine 1/4 Stunde verkürzt	

Die Patienten müssen bei dieser Therapieform als Nebenwirkung eine zeitweilig erhöhte Tagesmüdigkeit und die damit einhergehenden Konsequenzen wie verminderte Konzentration akzeptieren.

Probleme bei der Durchführung

Da die Therapiebedingungen bei der Schlafrestriktion sehr strikt sind und für den Patienten mit den „Nebenwirkungen" Schlafdeprivation und erhöhte Tagesmüdigkeit, also gerade jenen Symptomen, derentwegen sie in Therapie kommen, einhergehen, ist die Abbrecherquote bei diesem Verfahren recht hoch. In der Studie von Spielman et al. brachen von 49 Patienten 14 (28,6%) die Therapie vorzeitig ab. Daher sind die Patienten im Vorfeld dieser Therapie ausführlich über das Therapierationale und die Begleiterscheinungen zu informieren. Weiterhin ist es bei dieser Therapieform sehr empfehlenswert, wenn der Therapeut auch zwischen den Therapiesitzungen gut erreichbar ist, um den Patienten ggf. zu motivieren. Glovinsky und Spielman (1991) ließen die Patienten während der achtwöchigen Therapie täglich auf einen Anrufbeantworter die Bettzeit, Einschlafzeit, Gesamtschlafzeit, Tagesnickerchen und Alkoholgenuß sprechen, wobei der Therapeut den Patienten bei eventuellen Problemen zurückrief. Eine andere Möglichkeit ist, die Schlafrestriktion unter stationären Bedingungen durchzuführen.

Wie schon bei der Stimuluskontrolle beschrieben, muß der Therapeut mit dem Patienten besprechen, was er sinnvoll mit der gewonnenen „Freizeit"

Abbrecherquote bei Schlafrestriktion

Aufklärung über Therapierationale

52

macht. Dabei sollten für den Patienten angenehme Tätigkeiten im Vordergrund stehen, um sich für diese Maßnahme zu motivieren und zu belohnen. Abzuraten ist davon, daß Patienten in der gewonnenen Zeit unangenehme Arbeiten verrichten (z. B. liegengebliebene Hausarbeit erledigen oder Akten bearbeiten, die man von der Arbeit mitgebracht hat), da hierdurch die schon schwierig durchzuführende Bettzeitverkürzung zusätzlich aversiv wird.

Wirkungsweise

Durch die vermehrte Wachzeit wird der Schlafdruck erhöht und das Einschlafen verkürzt. Zudem steigt der Tiefschlafanteil und der Schlaf wird weniger störanfällig. Der Anteil geschlafener Zeit an der Bettzeit (= Schlafeffizienz) steigt und führt zu einer Steigerung des Erholungsgefühls wie zu besserer Schlafqualität. Durch die – zumindest in den ersten 2–3 Therapiewochen – kurze Bettzeit steigt jedoch auch die Tagesmüdigkeit und damit einhergehende Probleme wie verminderte Konzentration, verminderte Stimmung, zunehmende Gereiztheit usw.

Varianten

Glovinsky und Spielman (1991) führten folgende Modifikationen ein:
– Senkung des Schlafeffizienz-Kriteriums für ältere Patienten um 5 Prozentpunkte, da sich auch bei gesunden älteren Schläfern die Schlafeffizienz reduziert.

Milderes Schlafeffizienz-Kriterium für ältere Patienten

– Drastische Verkürzung der Bettzeit möglichst nur zu Beginn der Therapie, im weiteren Verlauf Steigerung der Bettzeit; dieses Vorgehen motiviert Patienten mehr.
– Modifiziertes Vorgehen bei Patienten mit Fehlwahrnehmung des Schlafzustandes (d. h. dem subjektiven Gefühl, gar nicht oder fast nicht zu schlafen) mit einer wöchentlich ansteigenden Bettzeit, auch wenn die subjektiven Schlafeffizienzen weiterhin sehr niedrig sind.

6.6 Kognitive Methoden

Schlafbehindernde Gedanken gehören zu den stärksten aufrechterhaltenden Faktoren für eine Insomnie. Im Laufe der Chronifizierung einer Insomnie verändern sich jedoch die Inhalte der nächtlichen Gedanken. Während der akuten Insomnie, die häufig durch eine belastende Lebenssituation ausgelöst wird, denken die meisten Patienten über das aktuelle Problem im Bett nach; das (Ein-)Schlafen wird hierdurch beeinträchtigt. Wird die Aufmerk-

Grübeln: stärkster Faktor für Insomnie

Lenkung der Aufmerksamkeit auf den gestörten Schlaf beim Übergang von der akuten zur chronischen Insomnie

samkeit dann auf den verschlechterten Schlaf gelenkt und darüber nachgedacht, stellen sich oftmals Gefühle von Ärger und Wut über die Schlafstörung oder Sorgen und Ängste vor den Konsequenzen der Insomnie ein. Bei langjähriger Schlafstörung schließlich sind es oftmals weder akute Probleme noch intensive negative Gefühle bzgl. der Schlafstörung, sondern ein Nachdenken über verschiedene, eher banale Alltagsangelegenheiten, was den Schlaf ebenfalls sehr behindert. Patienten mit chronischer Insomnie nehmen in der Regel keine akuten Probleme mit ins Bett, sondern haben sich im Laufe der Jahre das Nachdenken und Grübeln im Bett regelrecht „antrainiert". Das Bett stellt dann oft einen Hinweisreiz für Grübeln dar: Viele Patienten berichten, müde zu Bett zu gehen, und sobald sie liegen, wieder hellwach zu sein und über vieles nachzudenken.

Präventive Techniken

Ablenkende Techniken

Kognitives Umstrukturieren

Im Rahmen der kognitiven Therapie können verschiedene Maßnahmen dagegen unterschieden werden: *Präventive Techniken* (Gedankenstuhl, systematisches Problemlösen) zielen darauf ab, über aktuelle Probleme oder Entscheidungen schon tagsüber und nicht mehr während der Nacht bzw. zumindest nicht im Bett nachzudenken. Durch *ablenkende Techniken* (Gedankenstopp und Ersetzen des Grübelns durch Angenehmes wie Entspannungstraining, Ruhebild, Phantasiereisen) werden Grübelkreisläufe in der Nacht unterbrochen. Zudem kann das *kognitive Umstrukturieren*, das Ersetzen negativer Gedanken und Erwartungen zum Schlaf durch schlaffördernde Gedanken erfolgreich eingesetzt werden. Im Rahmen der kognitiven Verfahren ist auch die Paradoxe Intention anzusiedeln.

6.6.1 *Gedankenstuhl und systematisches Problemlösen*

Über akute Probleme nicht im Bett nachdenken!

Gedankenstuhl

Ziel dieses Therapieschrittes ist es, daß das Bett nicht mehr zum Grübeln genutzt wird. Über akute Probleme oder anstehende Entscheidungen sollte daher nicht im Bett nachgedacht werden. Weiterhin sollte das Bett nicht der Ort sein, um partnerschaftliche Streitigkeiten auszutragen. Bei anstehenden Entscheidungen ist es günstiger, tagsüber eine gewisse Zeit hierfür zu reservieren, denn viele Patienten verdrängen unangenehme Entscheidungen oder Überlegungen tagsüber und fühlen sich in der Nacht davon überfallen. Hierzu kann man sich tagsüber Zeit nehmen, z. B. wenn man von der Arbeit nach Hause kommt. Kann man nachts nicht von solchen akuten Problemen abschalten oder hat gute Einfälle/Ideen und die Sorge, diese bis zum nächsten Morgen wieder zu vergessen, sollte man wieder aufstehen, in ein anderes Zimmer gehen und dort darüber nachdenken. Hierzu kann man sich einen bestimmten „Gedankenstuhl" oder -sessel im Wohnzimmer oder einem anderen Zimmer aussuchen, jedoch sollte dies möglichst nicht das Schlafzimmer sein, um eine Trennung von Schlafumgebung und Grübeln zu erleichtern. Schriftliche Notizen können für eine Klärung hilfreich sein bzw. Gedanken und Ideen vor dem Vergessen schützen.

54

Wenn der Therapeut feststellt, daß der Patient entweder tagsüber versucht, anstehende Entscheidungen zu umgehen oder sich dabei im Kreise dreht, kann die Technik des systematischen Problemlösens eingesetzt werden. Eine Anleitung hierzu findet sich in Tabelle 14.

Tabelle 14:
Systematisches Problemlösen

1.	Genaue Beschreibung des Problems (immer nur ein einziges Problem fokussieren, nicht mehrere)
2.	Langfristige und kurzfristige Ziele festlegen
3.	Brainstorming: mögliche Lösungen sammeln ohne Bewertung der Realisierbarkeit dieser Lösungen (die Phantasie spielen lassen)
4.	Bewertung der gefundenen Lösungsmöglichkeiten nach ihrer Realisierbarkeit und ihren wahrscheinlichen Konsequenzen
5.	Entscheidung für eine realisierbare, im Hinblick auf die angestrebten Ziele sinnvollste Lösung
6.	Aufstellen konkreter Handlungsstrategien und -schritte zur Durchführung dieser Lösung
7.	Ausführen des festgelegten Handlungsplans
8.	Bewertung des Ergebnisses

6.6.2 Gedankenstopp

Mit der Technik des Gedankenstopps können schlafbehindernde Grübelkreisläufe unterbrochen werden. Wenn der Patient bemerkt, daß er im Bett grübelt, soll er entscheiden, ob es sich um wichtige, unaufschiebbare Gedanken handelt. Sollte dies der Fall sein, ist es sinnvoll, aufzustehen und in einem anderen Zimmer darüber nachzudenken (,,Gedankenstuhl", systematisches Problemlösen s. o.). Handelt es sich dagegen um Grübeleien, Gedankenkreisen, von dem nicht abgeschaltet werden kann, bewährt sich die Ablenkungstechnik des Gedankenstopps. Bei Auftreten des Grübelns kann sich der Patient laut oder leise ,,Stopp" sagen und damit den Grübelkreislauf unterbrechen.

In der Therapiesitzung kann der Therapeut den Patienten auffordern, Gedanken zu denken, wie sie auch im Bett als Grübeln auftreten. Hierzu kann der Patient die Augen schließen. Der Therapeut ruft dann laut ,,Stopp" und befragt den Patienten anschließend, was sich dabei ereignete. In der Regel berichten Patienten, daß das Grübeln durch das ,,Stopp"-Rufen des Therapeuten unterbrochen wurde. Der Therapeut erklärt, daß das Unterbrechen von Grübelkreisläufen der gewünschte Effekt dieser Technik ist. Anschließend kann der Patient die Technik selber üben: sich wieder die Gedanken vorstellen und selber zunächst laut ,,Stopp" sagen. Gelingt dies, kann der Patient in einem weiteren Durchgang schließlich ,,Stopp" denken. Der Patient soll die Technik anschließend zu Hause im Bett durchführen. Nach dem Durchbrechen von Grübelkreisläufen durch das ,,Stopp"-Sagen oder -Denken soll etwas Angenehmes die unangenehmen Gedanken ersetzen.

Hierzu kann die Muskelentspannung und/oder das Ruhebild bzw. die Phantasiereisen genutzt werden.

Durchbrechen des Grübelns mit dem Gedankenstopp, anschließend Lenken der Aufmerksamkeit auf etwas Angenehmes

Durch das Durchbrechen des Grübelns und das Lenken der Aufmerksamkeit auf etwas Angenehmes gelingt das Einschlafen bzw. das Wiedereinschlafen in der Nacht leichter. Mit dem Patienten wird besprochen, daß diese Maßnahme in der Regel häufig angewendet werden muß, bevor zuverlässig Grübelkreisläufe unterbrochen werden können. Auch diese Technik des Gedankenstopps muß über einige Zeit geübt werden, bis es gelingt, das über Jahre durchgeführte Grübeln im Bett wieder zu verlernen.

Probleme bei der Durchführung

Die Gedankenstopp-Technik bereitet in der Regel wenige Probleme. Bei manchen Patienten kann es kurzfristig zu einer Steigerung des Grübelns bzw. zu einer genaueren Selbstbeobachtung der Häufigkeit des Grübelns kommen, was dann in der Regel jedoch wieder abflaut.

6.6.3 Kognitives Umstrukturieren

Da negative schlafbezogene Gedanken bzw. die gedankliche Konzentration auf den Schlaf und die Störung des Schlafes eine wichtige Rolle bei der Aufrechterhaltung einer primären Insomnie spielen, ist es sinnvoll, kognitives Umstrukturieren in die Therapie einzubeziehen. Dysfunktionale Kognitionen wie falsche Annahmen über die Ursachen und Konsequenzen der

Tabelle 15:
Häufige Kognitionen über den Schlaf und die Schlafstörung
(modifiziert nach Riemann & Backhaus, 1996)

– Falsche Erwartungen und Annahmen bzgl. des Schlafes
 (z. B. „Acht Stunden Schlaf braucht der Mensch").

– Fehlerhaftes bzw. unzureichendes Wissen über den Schlaf
 (z. B. „Der Schlaf vor Mitternacht ist der gesündeste").

– Sorgen über kurzfristige Konsequenzen der Schlafstörung
 (z. B. „Wenn ich nicht genug oder ausreichend tief schlafe, bin ich am nächsten Tag nicht leistungsfähig").

– Sorgen über längerfristige Konsequenzen der Schlafstörung
 (z. B. „Schlechter Schlaf führt zu schwerwiegenden Erkrankungen").

– Attribution negativer Tagesgeschehnisse auf die Schlafstörung
 (z. B. „Weil ich schlecht geschlafen habe, bin ich heute so gereizt oder niedergestimmt oder unkonzentriert etc.").

– Hilflosigkeit gegenüber der Schlafstörung
 (z. B. „Die Schlaflosigkeit macht mich noch verrückt", „Ich weiß nicht mehr, was ich gegen meine Schlafprobleme noch tun kann, ich bin ein hoffnungsloser Fall").

Insomnie, Katastrophisierung, Kontrollverlust und Hilflosigkeit gegenüber dem Schlaf können hierdurch verändert werden. Beipiele für häufige dysfunktionale Kognitionen finden sich in Tabelle 15.

Die kognitive Methode des *Realitätstestens* kann mit Hilfe des Schlaftagebuches durchgeführt werden. Der Therapeut sollte den Patienten anhalten, Belege und Informationen über schlafbezogene negative Kognitionen zu sammeln. Hierfür bietet sich vor allem die Selbstbeobachtung mit dem Schlaftagebuch an (Abend- und Morgenprotokoll, siehe Anhang, S. 82 und S. 83). Durch die Arbeit mit dem Schlaftagebuch kann wieder eine differenziertere Wahrnehmung des Schlafes hergestellt werden. Viele Patienten mit chronischer Insomnie kommen mit einer übergeneralisiert negativen Einstellung ihrer Schlaffähigkeit in die Therapie und sind durch die Selbstbeobachtung mit dem Schlaftagebuch erstaunt, daß es neben schlechten auch durchaus gute oder mittelmäßige Nächte gibt. Läßt man im Schlaftagebuch auch die Tagesbefindlichkeit mitprotokollieren, kann hiermit auch die Attribuierung aller negativen Tagesereignisse auf die Schlafstörung einer Realitätsprüfung unterzogen und nötigenfalls korrigiert werden. Im Schlaftagebuch ist der Zusammenhang zwischen guten bzw. schlechten Nächten und einem guten bzw. schlechten Tagesablauf in der Regel nicht so stark korreliert, wie Insomnie-Patienten diesen Zusammenhang global einschätzen. Nach schlechten Nächten beispielsweise gibt es Tage, an denen sich der Patient nicht müde fühlte und seine Leistungs- und Konzentrationsfähigkeit als gut einschätzte. Oder der Patient fühlte sich trotz einer miserablen Nacht am nächsten Tag nicht in der Stimmung beeinträchtigt. Andererseits kommt es in der Regel vor, daß die Nacht gut bis mittelmäßig verlaufen ist, am Tage jedoch trotzdem Gereiztheit, Stimmungseinbußen, mangelnde Konzentrationsfähigkeit oder andere Beeinträchtigungen auftraten. In der Praxis erweist es sich als günstig, den Patienten zu Beginn jeder Therapiesitzung mit Hilfe seines Schlaftagebuchs über die vergangene Woche berichten zu lassen und durch Nachfragen nach guten, mittelmäßigen und schlechten Nächten und den darauffolgenden Tagen den Patienten zu veranlassen, öfter die Realitätstestung durchzuführen. Für die Veränderung oftmals übergeneralisiert negativer Einstellungen zum eigenen Schlaf reicht das einmalige Realitätstesten nicht aus, um eingefahrene automatische Gedanken zu verändern.

Die Methode der *Reattribuierung* hilft dem Patienten, die Ursachen bestimmter Begebenheiten objektiver einzuordnen. Sehr leistungsorientierte Patienten mit Insomnie haben nicht selten die Tendenz, ihre Schlafstörung als individuelles „Versagen" zu interpretieren. In der Folge setzen sie sich erheblich unter den Druck, schlafen zu müssen und fühlen sich hilflos und frustriert, sobald das mißlingt. Oftmals benutzen Patienten sogenannte „Doppelstandards", d.h. sie setzen für sich selber strengere Interpretationsmaßstäbe an als für andere Personen. Der Therapeut kann z.B. den Patienten bitten, eine andere Person mit den gleichen Problemen zu beurteilen und dadurch die vorhandenen Doppelstandards aufdecken. In der Gruppenthe-

Marginalien:

Realitätstesten

Selbstbeobachtung mit dem Schlaftagebuch

Ziel: Differenziertere Wahrnehmung des Schlafes

Attribuierung negativer Tagesereignisse auf die Schlafstörung

Realitätstestung muß öfter durchgeführt werden

Reattribuierung

Schlafstörung als individuelles „Versagen"

rapie können die Teilnehmer durch gegenseitige Einschätzung solche Doppelstandards feststellen. Zur Veränderung der Attribuierung der Schlafstörung auf die eigene Person im Sinne eines individuellen Leistungsversagens ist zudem die Vermittlung eines Störungsmodells (vgl. Kap. 2) sehr wichtig und veranschaulicht dem Patienten, daß die Schlafstörung in der Regel multikausal bedingt ist, wodurch sich für die Behandlung ebenfalls verschiedene Ansatzpunkte ergeben.

Entkatastrophisieren

Ersetzen negativer schlafbezogener Kognitionen durch konstruktive Alternativen

Durch die Methoden des *Entkatastrophisierens* und das Suchen nach *konstruktiven Alternativen* für negative schlafbezogene Gedanken sollen die Patienten wieder eine gelassenere Haltung gegenüber ihrem Schlaf bekommen und vorhandene Hilflosigkeitsgefühle abbauen. Hierzu können auch die Informationen zu Schlaf und Schlafstörungen (vgl. Kap. 4), die die Patienten im Laufe der Therapie erhalten haben, beitragen. Beispielsweise können die Patienten von der falschen Annahme entlastet werden, daß der Mensch acht Stunden Schlaf braucht oder der Schlaf vor Mitternacht der gesündeste sei. Entlastend wirkt bei älteren Patienten auch schon die Information, daß es ein natürlicher Prozeß ist, daß mit zunehmenden Alter der Tiefschlaf abnimmt und durch die vermehrt vorhandenen leichteren Schlafstadien der Schlaf störanfälliger wird und es mithin normal ist, mit 60 Jahren nicht mehr so gut (durch-)schlafen zu können wie mit 20 Jahren.

Tabelle 16:
Negative schlafbezogene Gedanken und Erwartungen und konstruktive Alternativen
(Backhaus & Riemann, 1996)

Negative Gedanken und Erwartungen	Konstruktive Alternative
„Acht Stunden Schlaf braucht der Mensch."	„Die Spannbreite der benötigten Schlafdauer ist individuell sehr unterschiedlich. Zudem gibt es bei jedem auch individuelle Schwankungen, auch gute Schläfer haben schlechte Nächte."
„Wenn ich nicht genug oder ausreichend tief schlafe, bin ich morgen nicht leistungsfähig."	„Meine Leistungsfähigkeit ist nicht nur vom Schlaf, sondern auch von anderen Faktoren abhängig, es war schon öfter so, daß ich auch nach einer schlechten Nacht einiges geleistet habe."
„Jetzt muß ich aber doch endlich einschlafen, andere haben doch auch keine Probleme mit dem Schlaf, das kann einen ja richtig wütend machen..."	„Sich über die Schlaflosigkeit zu ärgern, macht es auch nicht besser, der Ärger ist im Grunde noch stressiger als eine Nacht mit weniger Schlaf."
„Jetzt liege ich schon eine Stunde hier wach herum: das wird wohl eine miserable Nacht werden."	„Ich bleibe jetzt ruhig liegen, entspanne mich und genieße die Nacht. Der Schlaf wird schon kommen."
„Die Schlaflosigkeit macht mich noch verrückt, ich weiß nicht mehr, was ich noch tun soll."	„Es gibt gute und schlechte Nächte, jetzt warte ich mal ab, entspanne mich und denke an mein Ruhebild. Auch eine schlechte Nacht ist keine Katastrophe."

Der Therapeut bittet den Patienten, Gedanken zu schildern, die er sich tagsüber und während der Nacht über seinen Schlaf und die Schlafstörung

58

macht. In einem zweiten Schritt soll der Patient anhand seines jetzigen Wissens einschätzen, für wie realistisch er die Erwartungen und Befürchtungen hält. Danach kann nach konstruktiven gedanklichen Alternativen gesucht werden. Katastrophisierende Gedanken bestehen oftmals bezüglich der kurzfristigen Konsequenzen der Schlaflosigkeit für den nächsten Tag. Hierbei ist die oben aufgeführte Methode des Realitätstestens und der Wahrnehmungsentzerrung bezüglich des Zusammenhangs zwischen Nachtschlaf und Tagesgeschehen hilfreich. Der Therapeut sollte den Patienten auch befragen, was passiert, wenn die Katastrophe eintritt: also der Patient z. B. tatsächlich nach einem Erwachen gegen 2 Uhr morgens tatsächlich nicht wieder einschlafen kann und den Rest der Nacht wach ist. Der Patient bleibt oftmals bei den katastrophisierenden Gedanken stecken („wenn ich jetzt nicht mehr weiterschlafen kann, kann ich mich morgen überhaupt nicht konzentrieren"). Der Therapeut kann den Patienten befragen, wie es üblicherweise am Tage dann weitergeht und wie er diese Situation bisher gemeistert hat. Das Erkennen, daß einerseits der Zusammenhang zwischen schlechter Nacht und schlechtem Tage nicht so eng ist wie vermutet und Situationen am Tage bei Müdigkeit schon oftmals erfolgreich bewältigt wurden, bietet Ansatzpunkte für entkatastrophisierende Gedanken. Beispiele für häufig vorkommende schlafbezogene negative bzw. katastrophisierende Gedanken und Erwartungen und mögliche konstruktive Alternativen finden sich in Tabelle 16.

Einschätzen, wie realistisch die Befürchtungen sind

6.6.4 Paradoxe Intention

Viktor Frankl (1960, 1975) entwickelte das Verfahren der Paradoxen Intention im Rahmen der von ihm konzipierten Logotherapie. Hierbei wird dem Patienten sein Symptom verschrieben, d. h. der Patient mit Insomnie wird angewiesen, solange wie möglich wach im Bett zu liegen. Grundlegend für die Therapie ist die Annahme der Erwartungsangst bzw. Angst vor der Angst: Schlaflose oder schlafgestörte Nächte können beim Betreffenden die Angst vor weiteren schlafgestörten Nächten hervorrufen. Die mit der Angst einhergehende physiologische Erregung führt wiederum zur Verschlechterung des Einschlafens und verstärkt somit das Symptom. Patienten mit Insomnie versuchen in der Regel dann, durch willentliche Kontrolle Schlaf zu finden: Sie setzen sich unter Druck zu schlafen und fühlen sich hilflos, wenn dies nicht gelingt. Ärger über die Schlaflosigkeit kann das Problem weiter verstärken. Ziel dieser Therapie ist, diesen Teufelskreis zu durchbrechen, indem das Symptom paradox verschrieben wird, wodurch die Erwartungsangst vor der Schlaflosigkeit und die damit einhergehende physiologische Erregung verhindert und damit das (Ein-)Schlafen wieder erleichtert werden soll.

Paradoxe Intention: solange wie möglich wach im Bett liegen

Paradoxe Intention soll den Teufelskreis der Erwartungsangst vor der Schlaflosigkeit durchbrechen

Die Patienten müssen vom Therapeuten ausführlich über die aufgeführten aufrechterhaltenden Faktoren und das Therapierationale aufgeklärt werden.

Hierzu kann man den Patienten z. B. nach Nächten befragen, von denen er dachte, daß er bestimmt nicht werde schlafen können und dies unerwarteter Weise doch gelang. Die meisten Patienten können von solchen Nächten berichten. Beispiel: Abends länger mit Freunden ausgegangen zu sein, was sehr schön, aber auch aufregend war, wonach der Patient der Überzeugung war, nun sowieso keinen Schlaf mehr finden zu können, dann jedoch sofort einschlief. Dieser Effekt zeigt sich auch nicht selten im Schlaflabor: Patienten mit primärer Insomnie schlafen hier oftmals besser als zu Hause. Beide Beispiele zeigen, daß bei Wegfall der willentlichen Kontrolle über den Schlaf das Einschlafen gelingt. Der Therapeut kann auch mit dem Patienten überlegen, was gesunde Schläfer machen, wenn sie zu Bett gehen: Der Partner, der beispielsweise nicht über den Schlaf nachdenkt, sich hinlegt und nach wenigen Minuten eingeschlafen ist. Um wieder zu mehr Gelassenheit gegenüber dem Schlaf zu kommen, soll der Patient nun genau das Gegenteil von dem tun, was er üblicherweise macht: nicht versuchen, sich zum Schlafen zu zwingen, sondern zum Wachbleiben. Dabei soll der Patient so vorgehen, daß er sich zu Bett begibt, das Licht löscht und sich in die Position legt, in der er normalerweise einschlafen kann, jedoch die Augen offenhalten und versuchen, nicht einzuschlafen.

6.7 Kombinationsprogramme

Ergebnisse von Metaanalysen zeigen, daß durch die Kombination verschiedener kognitiver und verhaltenstherapeutischer Therapieelemente die Effektivität der Therapie gesteigert werden kann. Dabei erweist es sich als günstig, wenigstens ein Verfahren zur Schlaf-Wach-Rhythmus-Strukturierung mit einem Verfahren zur Entspannung zu kombinieren. Die Stimuluskontrolle vermindert sehr effektiv die Einschlaflatenz, während die Entspannungsverfahren gute Effekte bezüglich der Schlafdauer auch im langfristigen Verlauf aufweisen. Die Vermittlung von Basiswissen über den Schlaf und die sogenannten Regeln zur „Schlafhygiene" sollten Bestandteil jeder Insomnie-Therapie sein.

Die Autoren haben, aufbauend auf dem in Kapitel 2 dargestellten Modell aufrechterhaltender Faktoren, eine störungsspezifische Kurzzeittherapie konzipiert. Diese Kombinationstherapie umfaßt sechs Sitzungen und beschränkt sich auf schlafbezogene Maßnahmen (siehe Tab. 17). Kombiniert werden körperliche Entspannung (Progressive Muskelrelaxation), gedankliche Entspannung mit Ruhebildern und Phantasiereisen, Vermittlung von Informationen über den Schlaf, Regeln für einen gesunden Schlaf (Stimuluskontrolle, Schlaf-Wach-Rhythmus-Strukturierung, Schlafhygiene) und kognitive Techniken (Gedankenstopp, kognitives Umstrukturieren).

Tabelle 17:
Therapieprogramm für eine störungsspezifische Kurzzeittherapie der primären Insomnie
(nach Riemann & Backhaus, 1996)

Störungsspezifische Psychotherapie der primären Insomnie
Entspannung I
Körperliche Entspannug: Progressive Muskelentspannung
Entspannung II
Gedankliche Entspannung: Ruhebild, Phantasiereisen
Regeln für einen gesunden Schlaf
Informationen zu Schlaf und Schlafstörungen, Schlaf-Wach-Rhythmus-Strukturierung, Stimuluskontrolle, Schlafhygiene
Kognitive Kontrolle I
Erkennen kognitiver Teufelskreise und Sich-selbst-erfüllender-Prophezeiungen Umgang mit schlafbehindernden Gedanken und Erwartungen: Gedankenstuhl, Gedankenstopp
Kognitive Kontrolle II
Kognitives Umstrukturieren dysfunktionaler Gedanken
Abschlußsitzung
Zusammenfassende Analyse aufrechterhaltender Bedingungen und entsprechender Gegenmaßnahmen Prävention: Umgang mit zukünftigen Phasen von Schlaflosigkeit

Das Therapiekonzept ist halbstandardisiert und als Therapeutenmanual veröffentlicht (Riemann & Backhaus, 1996). Die einzelnen Therapiekomponenten wurden bereits oben beschrieben, so daß an dieser Stelle auf eine ausführlichere Darstellung verzichtet werden kann. Das Therapieprogramm beginnt bewußt nicht mit dem Therapieteil ,,Regeln für einen gesunden Schlaf", der Informationen zum Schlaf und zu Schlafstörungen, die Regeln der Schlafhygiene und der Schlaf-Wach-Rhythmus-Strukturierung enthält, sondern mit den Verfahren zur Entspannung. Diese Reihenfolge wurde aus folgenden Gründen gewählt und hat sich in der Praxis bewährt: Für die meisten Patienten ist es motivierender, mit einem ,,leichteren" Therapieverfahren zu beginnen, das zwar regelmäßiges Üben, nicht jedoch gravierende Verhaltensänderungen abverlangt. Zudem braucht das Entspannungstraining einige Übungszeit und soll – um Mißerfolgen vorzubeugen – in den ersten Wochen noch nicht im Bett angewendet werden. In der Regel wird die Anwendung des Entspannungstrainings im Bett erst ab der vierten Sitzung empfohlen (je nach individuellem Übungsfortschritt); der Therapeut hat dabei die Möglichkeit, die Übertragung des Entspannungstrainings vom Tage in die Nacht als ,,Schlafhilfe" zu unterstützen. Da die meisten Patienten zudem die Muskelentspannung als angenehmes Verfahren empfinden und oftmals schon in den ersten Sitzungen ein Entspannungseffekt eintritt, steigt die Zuversicht für die Meisterung auch der folgenden, schwierigeren Therapieelemente. Hierzu gehört vor allem die Schlaf-Wach-Rhythmus-Strukturierung, die vom Patienten durch die Bettzeitverkürzung erhebliche Veränderungen im Verhalten und Tagesablauf mit sich bringt und zudem kurzfristig mit Nebenwirkungen wie vermehrter Tagesmüdigkeit einhergehen kann.

Um den Selbstmanagement-Charakter der Therapie zu verstärken, arbeiten die Patienten zusätzlich mit einem Selbsthilfemanual (Backhaus & Riemann, 1996). Das Selbsthilfemanual ermöglicht es den Patienten, sich mit den verschiedenen Therapieelementen zu Hause noch einmal vertiefend auseinanderzusetzen. Weiterhin ist es auch für die Rückfallprävention gedacht: Selbst nach erfolgreicher Therapie kann es wieder zu schlechten Nächten kommen (wie bei gesunden Schläfern auch); mit dem Selbsthilfemanual können sich Patienten schnell wieder die für sie erfolgreichen Therapiestrategien in Erinnerung rufen. Wichtig ist, die Patienten auf die Möglichkeit von wiederkehrenden schlechten Nächten aufmerksam zu machen und im Sinne einer Rückfallprävention zu besprechen, daß sie im Rahmen der Therapie Methoden erlernt haben, um wirksam gegensteuern zu können und nicht wieder in den Teufelskreis von Schlafstörung, willentlicher Anstrengung zu schlafen und Hilflosigkeit zu geraten.

In der Praxis bewährt haben sich auch Auffrischungssitzungen, z. B. drei Monate nach Abschluß der Therapie. Viele Patienten sind im Hinblick auf einen solchen Termin motivierter, die erlernten Therapiemethoden wie Entspannungstraining und Bettzeitverkürzung weiterzuführen.

7 Effektivität und Prognose

Die Effektivität verschiedener Therapien zur Behandlung der primären Insomnie wurde in zwei Metaanalysen (Morin et al., 1994; Murtagh & Greenwood, 1995) untersucht. Die Ergebnisse der beiden genannten Metaanalysen zeigen, daß kognitiv-verhaltenstherapeutische Behandlungsstrategien sehr effektiv zur Behandlung der psychophysiologischen Insomnie eingesetzt werden können. Die Effektstärken, über alle Therapieverfahren gerechnet, sind Tabelle 18 zu entnehmen.

Die Effektstärken für die einzelnen Verfahren differieren und werden nachfolgend aufgeführt. Für die therapeutische Praxis lassen sich folgende Schlußfolgerungen aus den Metaanalysen herauskristallisieren. Die psychophysiologische Insomnie sollte mit einer Kombination kognitiver und behavioraler Therapieelemente behandelt werden. Unter Berücksichtigung der differentiellen Effektstärken für die verschiedenen Verfahren gehören hierzu neben den allgemeinen Empfehlungen zur Schlafhygiene z. B. die Stimuluskontrolle und Entspannungsmethoden. Die Stimuluskontrolle weist hohe kurz- und langfristige Effekte vor allem für die Einschlaflatenz auf; die Entspannungsmethoden haben bezüglich der Schlafdauer hohe Effektstärken und im langfristigen Verlauf weitere Steigerungen in den Effekten. Schlafbezogene Kombinationstherapien haben den großen Vorteil, daß die Effekte – im Gegensatz zu den einzelnen Verfahren – in fast allen Schlafparametern recht hoch sind.

Tabelle 18:
Effektstärken über alle Therapieverfahren

	Einschlaf-latenz		Schlaf-dauer		Aufwach-frequenz		Wach-dauer in der Nacht	Schlaf-qualität
	MOR	M/G	MOR	M/G	MOR	M/G	MOR	M/G
Alle Therapieverfahren								
Posttherapie:	0.88	0.87	0.42	0.49	0.53	0.63	0.65	0.94
Follow-up:	0.92	1.01	0.51	0.54	0.56	0.78	0.58	1.30

Metaanalyse von Morin et al. (1994) = MOR;
Metaanalyse von Murtagh und Greenwood (1995) = M/G
Nach Cohen (1977) geht man bei einer Effektstärke von 0,2 von einem kleinen, ab 0,5 von einem mittleren und ab 0,8 von einem hohen Therapieeffekt aus.
Follow-up nach durchschnittlich 6 (MOR) bzw. 8 (M/G) Monaten.

Zur Frage, ob die Therapie als Einzel- oder Gruppentherapie durchgeführt werden sollte, kann aus den Metaanalysen geschlossen werden, daß die Einzeltherapie der Gruppentherapie in der Wirksamkeit nicht oder nur minimal überlegen ist: Murtagh und Greenwood fanden keinen Unterschied, Morin et al. fanden nur in einem von vier Post-hoc-Tests (für die Aufwachfrequenz) eine signifikante Überlegenheit der Einzeltherapie. Keine signifikanten Unterschiede fanden sich für die anderen Schlafparameter (Einschlaflatenz, Schlafdauer, Wachliegedauer). Für die Gruppentherapie spricht neben der Ökonomie vor allem die gegenseitige Motivierung der Patienten, was sich gerade für die von vielen Patienten als schwierig empfundenen Therapieelemente wie die Schlaf-Wach-Rhythmus-Strukturierung sehr positiv auswirkt.

Einzel- oder Gruppen-therapie?

- *Progressive Muskelentspannung*

Die Effektstärken für die Progressive Muskelentspannung liegen im mittleren bis hohen Bereich und weisen die Progressive Muskelentspannung als effizientes Therapieverfahren zur Behandlung der primären Insomnie aus. Für die Einschlaflatenz beträgt die Effektstärke (nach Murtagh & Greenwood, 1995) 0.81, für die Aufwachfrequenz 0.57 und die Schlafqualität 0.97. Die Progressive Muskelentspannung ist das Einzelverfahren mit der höchsten Effektstärke für die Schlafdauer (0.52); nur die Effektstärken der Kombinationsverfahren liegen für die Schlafdauer noch höher.

Die Prognose für den mittel- bis längerfristigen Therapieerfolg ist gut: Die Progressive Muskelentspannung gehört zu den Therapieverfahren, deren

Ansteigende Effektstärken im mittel- bis lang-fristigen post-therapeutischen Verlauf

Effektstärke im mittel- bis langfristigen Verlauf (nach durchschnittlich 8 Monaten) zunimmt.

● *Gedankliche Entspannung*

Hohe Effekte für die Einschlaflatenz

Es zeigt sich, daß die gedankliche Entspannung im Hinblick auf die Einschlaflatenz eine sehr hohe Effektstärke von 1.2 aufweist, die in der Meta-analyse von Morin et al. von keinem anderen Verfahren übertroffen wird. Hinsichtlich der Aufwachfrequenz liegt die Effektstärke mit 0.56 im mittleren Bereich. Für die Schlafdauer und die nächtliche Wachliegedauer liegen die Effektstärken mit jeweils 0.28 im niedrigen Bereich und unterhalb der Effektstärken, die für die Muskelentspannung angegeben wurden. Eine Kombination von gedanklicher und Muskelentspannung kann effizient zur Behandlung von Insomnien eingesetzt werden, wobei die gedankliche Entspannung insbesondere hinsichtlich der Einschlaflatenz und der langfristigen Wirksamkeit eine gute Effizienz aufweist.

● *Regeln für einen gesunden Schlaf („Schlafhygiene")*

Regeln für einen gesunden Schlaf bzw. zur „Schlafhygiene" sind zentrale Bestandteile der meisten kognitiv-verhaltenstherapeutischen Kombinationsprogramme. Es gibt nur wenige Studien, in denen die Effektivität dieser Regeln allein, d. h. ohne weitere Therapiebausteine wie Progressive Muskelentspannung, Stimuluskontrolle oder Schlafrestriktion, untersucht wurden. Schoicket, Bertelson und Lacks (1988) verglichen die Wirksamkeit der schlafhygienischen Regeln mit Stimuluskontrolle und Meditation hinsichtlich der Aufwachfrequenz und der nächtlichen Wachliegedauer. Es fanden sich unter allen drei Treatment-Bedingungen signifikante Verbesserungen in den relevanten Zielvariablen, wobei sich die Gruppen nicht signifikant unterschieden. Die Teilnehmer der schlafhygienischen Therapiegruppe waren allerdings mit ihrer Therapie weniger zufrieden als die Teilnehmer der Stimuluskontroll- bzw. Meditationstherapie. 80 % der Teilnehmer der Schlafhygiene-Bedingung beschrieben sich nach der Therapie weiterhin als schlafgestört, während diese Einschätzung in den beiden anderen Bedingungen von 50 % der Patienten angegeben wurde. In der Meta-Analyse von Morin et al. (1994) kommen die Autoren zu dem Schluß, daß die schlaf-hygienischen Regeln allein keine ausreichende Therapie der Insomnie gewährleisten, obgleich die Effektstärkenscors für die Schlafdauer mit 1.16 und die Aufwachfrequenz mit 0.71 hoch sind, während die Effektstärke für die Aufwachfrequenz bei –0.12 liegt.

Regeln zur „Schlafhygiene" sollten mit anderen wirksamen Therapieverfahren wie Stimuluskontrolle oder Entspannungsverfahren kombiniert werden

● *Stimuluskontrolle und Schlaf-Wach-Rhythmus-Strukturierung*

Stimuluskontrolle ist ein effektives Verfahren

Die Stimuluskontrolle ist ein effektives Verfahren zur Behandlung von Insomnien. Hohe Effektstärken finden sich für die Einschlaflatenz (0.81–

64

1.16), die nächtliche Wachliegedauer (0.70) und die Schlafqualität (1.3). Die Effektstärken für die Schlafdauer sind niedrig (0.38–0.41). Bezüglich der Aufwachfrequenz weisen die Metaanalysen von Morin et al. (1994) und Murtagh und Greenwood (1995) erhebliche Effektstärkendifferenzen auf (0.59–1.3) und liegen im mittleren bis hohen Bereich.

● *Schlafrestriktion*

Die Schlafrestriktion hat sich als effektives Verfahren herausgestellt mit einer hohen Effektstärke für die Einschlaflatenz (0.85–0.98) und einer mittleren für die nächtliche Wachliegedauer (0.76). Für die Schlafdauer ergeben sich in den Metaanalysen von Morin et al. und Murtagh und Greenwood differente Effektstärken (–1.06–0.37). Einschränkend ist anzumerken, daß es bislang nur relativ wenige Therapiestudien zu diesem Verfahren gibt und die weitere wissenschaftliche Absicherung notwendig ist. Weiterhin als problematisch einzuschätzen sind die hohen Abbrecherquoten, die jedoch in den Effektstärken keinen Niederschlag finden, so daß die Effektstärken eher zu hoch angegeben sind. Fraglich ist auch der posttherapeutische Verlauf: Die Schlafrestriktion ist in der Metaanalyse von Murtagh und Greenwood das einzige Therapieverfahren mit einer deutlich rückläufigen Effektstärke im Follow-up. Die Effektstärke für die Einschlaflatenz sinkt von 0.85 zum Zeitpunkt Posttherapie auf 0.57 im Follow-up. Da andere Verfahren, wie z. B. die Entspannungsverfahren im Follow-up eher an Effektstärke gewinnen oder zumindest die Effektstärke in etwa halten wie z. B. die Stimuluskontrolle, sollte die Schlafrestriktion nicht als alleiniges Therapieverfahren durchgeführt, sondern mit anderen Therapiemethoden, z. B. Progressiver Muskelentspannung und gedanklicher Entspannung, kombiniert werden.

> Die Schlafrestriktion ist das einzige Therapieverfahren mit einer deutlich rückläufigen Effektstärke im Follow-up

> Schlafrestriktion sollte mit anderen Verfahren, z. B. Entspannung, kombiniert werden

● *Kognitive Methoden*

Das kognitive Umstrukturieren zur Veränderung negativer schlafbezogener Gedanken und Erwartungen als auch die Technik des Gedankenstopps wurden bislang nur kombiniert mit anderen störungsspezifischen Therapieelementen evaluiert, so daß zur Wirksamkeit keine entsprechenden Befunde vorliegen.

Morin (1993) setzte kognitive Therapieelemente nach Beck, Ellis und Meichenbaum zur Behandlung älterer Patienten mit Insomnie erfolgreich ein. Kombiniert wurde hierbei die kognitive Therapie mit Stimuluskontrolle, Schlafrestriktion und schlafhygienischen Empfehlungen. Gegenüber einer Wartegruppe ergaben sich signifikante Verbesserungen der verschiedenen Schlafparameter.

Für die Paradoxe Intention liegen Ergebnisse von Metaanalysen vor: Die Effektstärken liegen im mittleren Bereich für die Einschlaflatenz (0.63–

0.73), die Aufwachfrequenz (0.73–0.77), die Wachliegedauer (0.81) und Schlafqualität (0.77); im niedrigeren Bereich für die Schlafdauer (0.10–0.46). Ascher und Turner (1980) verglichen zwei verschiedene Formen der Paradoxen Intention. In Form A wurden die Patienten über das tatsächliche Therapierationale aufgeklärt. In Form B dagegen wurde den Patienten gesagt, sie sollten versuchen, solange wie möglich wach zu bleiben und sich dabei zu beobachten, um möglichst viel Informationen für die weitere Therapieplanung zu erheben. Die Patienten, die über das Therapierationale informiert waren, verbesserten sich signifikant in der Einschlaflatenz und im Gefühl des Erholtseins nach dem Schlaf gegenüber einer Placebo- und einer Wartegruppe. Patienten, die Therapieform B erhalten hatten, zeigten dagegen keine signifikanten Unterschiede zu den zwei Kontrollgruppen.

Aufklärung über das Therapierationale wichtig!

- *Kombinationstherapien*

Effektstärken für die Kombinationstherapien sind hoch

Metaanalysen zeigen, daß die Effektstärken für die Kombinationstherapien hoch sind. Im Unterschied zu den Einzelverfahren weisen die Kombinationstherapien übereinstimmend in den Metaanalysen von Morin et al. (1994) und Murtagh und Greenwood (1995) in fast allen Schlafparametern hohe Effektstärken auf. Diese liegen für die Einschlaflatenz bei 1.0–1.05, für die Schlafdauer bei 0.75–0.78, für die Wachliegedauer bei 0.92 und die Schlafqualität bei 1.12. Nur für den Parameter Aufwachfrequenz divergieren die Effektstärken in den beiden Metaanalysen erheblich zwischen –0.05 und 1.12.

Gute Langzeit-Prognose bei den Kombinations-programmen

Die Langzeit-Prognose ist bei den Kombinationsprogrammen gut. Bei der von den Autoren evaluierten störungsspezifischen Kurzzeittherapie (Riemann & Backhaus, 1996) erwiesen sich die Therapieeffekte über einen Zeitraum von durchschnittlich 34,8 Monaten nach Beendigung der Therapie (Range 2–3,5 Jahre) als weitgehend stabil. Bei einer Stichprobe von 20 Patienten mit primärer Insomnie nahm die Schlafqualität signifikant zu, ebenso die Schlafdauer und die Schlafeffizienz, während schlafbezogene negative Gedanken abnahmen (Backhaus, 1997).

Bisherige Studienergebnisse zeigen, daß rein störungsspezifisch ausgerichtete, kurzgehaltene Kombinationstherapien wie das oben dargestellte Therapieprogramm effektiv sind. Umfangreichere Therapieprogramme, die auch unspezifische Therapieelemente wie Aufbau sozialer Kompetenz u. a. umfassen (z. B. Coates & Thoresen, 1981; Hohenberger & Schindler, 1984) weisen keine höhere Effizienz auf. Die Beschränkung auf eine Kombination verschiedener schlafbezogener Maßnahmen ist nicht nur weniger zeitintensiv und kostengünstiger, sondern sogar wirksamer als eine längerdauernde Kombinationstherapie, die auch störungsunspezifische Elemente enthält. Daher sollte über Therapieelemente, die über die schlafbezogenen Maßnahmen hinaus gehen, nur im Einzelfall entschieden werden und nicht Standard-Bestandteil von (Gruppen-)Therapieprogrammen zur Behandlung der primären Insomnie sein.

8 Probleme und offene Fragen

Wie im vorhergehenden Kapitel dargestellt, konnte durch Meta-Analysen der psychotherapeutischen Literatur eindrücklich belegt werden, daß die kognitiv-verhaltenstherapeutischen Therapiemethoden äußerst wirkungsvoll bei Patienten mit chronischen Schlafstörungen sind. Andererseits ist davon auszugehen, daß in der primärärztlichen Versorgung bei Beschwerden über Schlafstörungen immer noch in den meisten Fällen die Verordnung eines Hypnotikums erfolgt. Dies stellt als Kurzzeitbehandlung unseres Erachtens kein Problem dar. Kritisch zu sehen sind jedoch Langzeitverordnungen von Hypnotika, insbesondere von Benzodiazepinen, über mehrere Monate bis Jahre. Schlafspezialisten postulieren, daß die Verordnung eines Hypnotikums auf Zeiträume von höchstens 3–4 Wochen beschränkt sein sollte. Inzwischen wird eine mehrmonatige bzw. über Jahre andauernde Hypnotikabehandlung von vielen Spezialisten als „Pseudotherapie" betrachtet. Es stellt somit eine vorrangige Aufgabe der Zukunft dar, die primären Ansprechpartner von Insomniepatienten, d. h. Allgemeinärzte, über basale, nicht-pharmakologische Behandlungsmöglichkeiten der Insomnie aufzuklären und zu instruieren. Zudem ist es ein vorrangiges Ziel, auf der Ebene des Allgemeinarztes basale, diagnostisch wichtige Aufgaben zu etablieren, wie etwa die Einordnung einer Insomnie in eine organische, psychiatrische oder substanz- bzw. primär bedingte Störungsform.

Defizite der kognitiv-verhaltenstherapeutischen Strategien existieren insbesondere im Bereich der geriatrischen Insomnie-Behandlung. Weiter vorne dargestellte Meta-Analysen der Literatur basieren in erster Linie auf Studien, die an 18–65jährigen Insomniepatienten durchgeführt wurden. Klagen über Schlaflosigkeit erreichen ihren Häufigkeitsgipfel jedoch erst jenseits des 65. Lebensjahres, ebenso wie die Häufigkeit der Medikamenteneinnahme in diesem Alter kulminiert. Die mögliche Ursache für eine Vernachlässigung dieser Altersgruppe mag darin liegen, daß viele der angeführten Therapiemaßnahmen hohe Motivation und Eigenbeteiligung der Patienten verlangen.

Bei multimorbid erkrankten und behinderten älteren Menschen sind ein Großteil der diskutierten und erwähnten Therapiemethoden nicht einsetzbar, da entweder die Patienten nicht dazu zu motivieren oder nicht mehr in der Lage sind, entsprechende Ratschläge, wie etwa die Stimuluskontrolle oder die Schlafrestriktion umzusetzen. Hier existiert dringender Handlungsbedarf, für die Altersgruppe der über 65jährigen unter Berücksichtigung der spezifischen Probleme auf diese Altersgruppe zugeschnittene, nicht-pharmakologische Therapiemethoden zu entwickeln. Zudem sollten basale Kenntnisse der Schlafhygiene und der Psychoedukation über Schlaf den Angestellten von Institutionen vermittelt werden, die ältere Menschen versorgen. Ziel dieser Aufklärung ist es, davon abzurücken, durch die Gabe von

Hypnotika eine Ruhigstellung der Patienten zu erreichen. Vielmehr läge hierin auch eine gesellschaftspolitische Aufgabe, durch eine Verbesserung des Personalschlüssels in geriatrischen Institutionen eine Verbesserung des Schlafs, z. B. durch Aktivierung der Patienten tagsüber, zu erreichen.

Wie oben dargestellt, sind die kognitiv-verhaltenstherapeutischen Methoden auch sehr erfolgreich bei Patienten einzusetzen, die zu Beginn der Therapie Schlafmittel einnehmen. In unseren eigenen Untersuchungen konnten wir tendenziell, und das in Übereinstimmung mit anderen Studien, jedoch feststellen, daß Patienten, die medikamentenfrei in die Behandlung kamen, stärker als medizierte Patienten von diesen Methoden profitierten. Insofern stellt sich die Frage, ob es sinnvoll ist, für Patienten, die eine nicht-medikamentöse Behandlung ihrer Schlafstörung anstreben, eigene Absetzprogramme von Hypnotika zu entwickeln, die der „eigentlichen" Therapie vorgeschaltet werden.

9 Weiterführende Literatur

Dressing, H. & Riemann, D. (1994). *Diagnostik und Therapie von Schlafstörungen*. Stuttgart, Jena: Gustav Fischer.
Riemann, D. & Backhaus, J. (Hrsg.). (1996). *Schlafstörungen bewältigen*. Ein psychologisches Gruppenprogramm. Weinheim: Beltz/ Psychologie Verlags Union.
Hajak, G. & Rüther, E. (1995). *Insomnie*. Berlin: Springer.
Kryger, M., Roth, T. & Dement, W. C. (1994). *Principles and practice of sleep medicine*. London: W. B. Saunders Co.

10 Literaturverzeichnis

American Psychiatric Association (1994). *Diagnostic and Statistical Manual of Mental Disorders* (Fourth Edition). Washington DC: APA.
Ascher, L. M. & Turner, R. M. (1980). A comparison of two methods for the administration of Paradoxical Intention. *Behavior Research and Therapy, 18*, 121–126.
Aserinsky, E. & Kleitman, N. (1953). Regularly occurring periods of eye motility and concomitant phenomena in sleep. *Science, 118*, 273–278.
Backhaus, J. (1997). *Insomnie – Epidemiologie, Ätiologie, Psychotherapie*. Dissertation, Universität Freiburg.
Backhaus, J., Müller-Popkes, K., Hajak, G., Voderholzer, U., Berger, M., Riemann, D., Hohagen, F. (1998). Prevalence, diagnosis and treatment of insomnia in general practice. *Journal of Sleep Research, 7*, Supplement 2, 13.
Backhaus, J. & Riemann, D. (1996). *Schlafstörungen bewältigen*. Informationen und Anleitungen zur Selbsthilfe. Weinheim: Beltz/Psychologie Verlags Union.

Benca, R., Obermeyer, W., Thisted, R. & Gillin, J. C. (1992). Sleep and psychiatric disorders: A meta-analysis. *Archives of General Psychiatry, 49,* 651–668.

Bernstein, D. A. & Borkovec, T. D. (1973). *Progressive relaxation training.* Champaign, Illinois: Research Press.

Bootzin, R. R., Epstein, D. & Wood, J. M. (1991). Stimulus control instructions. In P. J. Hauri (Ed.), *Case studies in insomnia* (19–28). New York: Plenum Medical Book Company.

Borbély, A. A. (1982). A two process model of sleep regulation. *Human Neurobiology, 1,* 195–204.

Borbély, A. A. (1986). Benzodiazepinhypnotika. Wirkungen und Nachwirkungen von Einzeldosen. In H. Hippius, R. Engel & G. Laakmann (Hrsg.), *Benzodiazepine* (96–99). Berlin: Springer Verlag.

Borkovec, T. D. & Fowles, D. C. (1973). Controlled investigation of the effects of progressive and hypnotic relaxation on insomnia. *Journal of Abnormal Psychology, 82, 1,* 153–158.

Breslau, N., Roth, T., Rosentahl, L. & Andreski, P. (1996). Sleep disturbance and psychiatric disorders: A longitudinal epidemiological study of young adults. *Biological Psychiatry, 39,* 411–418.

Buysse, D. J., Reynolds, C. F., Monte, T. H., Berman, S. R. & Kupfer, D. J. (1989). The Pittsburgh Sleep Quality Index: A new instrument for psychiatric practice and research. *Psychiatric Research, 28,* 193–213.

Chang, P. P., Ford, D. E., Mead, L. A., Copper-Patrick, L. & Klag, M. J. (1997). Insomnia in young men and subsequent depression. *American Journal of Epidemiology, 146,* 105–114.

Coates, T. J. & Thoresen, C. E. (1981). Treating sleep disorders: few answers, some suggestions and many questions. In S. Turner et al. (Eds.), *Handbook of clinical behaviour therapy,* Chapter 10 (189–240). New York: Wiley.

Davies, R., Lacks, P., Storandt, M. & Bertelson, A. D. (1986). Countercontrol treatment of sleep-maintenance insomnia in relation of age. *Psychology and Aging, 1, 3,* 233–238.

Dressing, H. & Riemann, D. (1994). *Diagnostik und Therapie von Schlafstörungen.* Stuttgart, Jena: Gustav Fischer.

Ford, D. E. & Kamerow, D. B. (1989). Epidemiologic study of sleep disturbances and psychiatric disorders. An opportunity for prevention? *Journal of the American Medical Association, 262, 11,* 1479–1484.

Frankl, V. E. (1960). Paradoxical Intention: a logotherapeutic technique. *American Journal of Psychotherapy, 14,* 520–535.

Frankl, V. E. (1975). Paradoxical Intention and dereflection. *Psychotherapy: theory, research and practice, 12,* 226–237.

Glovinsky, P. B. & Spielman, A. J. (1991). Sleep restriction therapy. In P. J. Hauri (Hrsg.), *Case studies in insomnia* (49–63). New York: Plenum Press.

Görtelmeyer, R. (1986). Schlaffragebogen A und B. In CIPS (Hrsg.), *Internationale Skalen für Psychiatrie.* Weinheim: Beltz.

Hajak, G. & Rüther, E. (1995). *Insomnie.* Berlin: Springer.

Hautzinger, M. (1998). *Depression.* Hogrefe: Göttingen.

Hohagen, F., Rink, K., Schramm, E., Riemann, D., Weyerer, S. & Berger M. (1993). Prevalence and treatment of insomnia in general practice. A longitudinal study. *European Archives of Psychiatry and Clinical Neuroscience, 242,* 329–336.

Hohagen, F., Käppler, C., Schramm, E., Rink, K., Weyerer, S., Riemann, D. & Berger, M. (1994). Prevalence of insomnia in elderly general practice attenders and the current treatment modalities. *Acta psychiatrica Scandinavica, 90,* 102–108.

Hohenberger, E. & Schindler, L. (1984). Ein verhaltenstherapeutisches Programm zur Behandlung von Schlafstörungen. In J. C. Brengelmann & G. Buhringer (Hrsg.), *Therapieforschung für die Praxis.* Themen der 10. Verhaltenstherapiewoche. München: Röttger Verlag.

Lacks, P. & Rotert, M. (1986). Knowledge and practice of sleep hygiene techniques in insomniacs and good sleepers. *Behavior Research and Therapy, 24*, 365–368.

Lazarus, A. (1993). *Innenbilder*. Imagination in der Therapie und als Selbsthilfe. 2. Auflage. München: Pfeiffer Verlag.

Livingston, G., Blizard, B. & Mann, A. (1993). Does sleep disturbance predict depression in elderly people? A study in inner London. *British Journal of General Practice, 43*, 445–448.

Morin, C. M. (1993). *Insomnia – Psychological assessment and management*. New York: Guilford Press.

Morin, C. M., Culbert, J. P. & Schwartz, S. M. (1994). Nonpharmacological interventions for insomnia: A meta-analysis of treatment efficacy. *American Journal of Psychiatry, 151, 8*, 1172–1180.

Murtagh, D. R. & Greenwood, K. M. (1995). Identifying effective psychological treatments for insomnia: a meta-analysis. *Journal of Clinical and Consulting Psychology, 63, 1*, 79–89.

Nicassio, P. M., Mendlowitz, D. R., Fussell, J. J. & Petras, L. (1985). The phenomenology of the pre-sleep state: The development of the pre-sleep arousal scale. *Behavior Research and Therapy, 23*, 263–271.

Öst, L. G. (1987). Applied relaxation. Description of a coping technique and review of controlled studies. *Behavior Research and Therapy, 25*, 397–409.

Ohayon, M., Canlet, M., Priest, R. & Guilleminault, C. (1997). DSM-IV and ICSD-90 insomnia symptoms and sleep dissatisfaction. *British Journal of Psychiatry, 171*, 382–388.

Ott, H., Oswald, I., Fichte, K. & Sastre-Y-Hernundez, M. (1986). Visuelle Analogskalen zur Erfassung von Schlafqualität. In CIPS (Hrsg.), *Internationale Skalen für Psychiatrie*. Weinheim: Beltz.

Rechtschaffen, A. & Kales, A. (1968). *A manual of standardized terminology, techniques and scoring system for sleep stages of human subjects*. Washington, DC: US Government Printing Office, Public Health Service.

Riemann, D. & Backhaus, J. (Hrsg.). (1996). *Schlafstörungen bewältigen*. Ein psychologisches Gruppenprogramm. Weinheim: Beltz/Psychologie Verlags Union.

Riemann, D. & Berger, M. (1998). Sleep disorders and mental disorders. *Current Opinion in Psychiatry, 11*, 327–331.

Riemann, D., Schnitzler, M., Hohagen, F. & Berger, M. (1994). Depression und Schlaf – der gegenwärtige Forschungsstand. *Fortschritte der Neurologie & Psychiatrie, 62*, 458–478.

Schindler, L. & Hohenberger, E. (1982). Die verhaltenstherapeutische Behandlung von Schlafstörungen: Status und Perspektiven. *Psychologische Beiträge, 24*, 549–582.

Schoicket, S. L., Bertelson, A. D. & Lacks, P. (1988). Is sleep hygiene a sufficient treatment for sleep-maintenance insomnia? *Behavior Therapy, 19*, 183–190.

Schramm, E. (1996). *Interpersonelle Psychotherapie*. Stuttgart: Schattauer.

Schramm, E. & Riemann, D. (Hrsg.). (1995). *ICSD. Internationale Klassifikation der Schlafstörungen*. Weinheim: Psychologie Verlags Union.

Schramm, E., Hohagen, F., Grasshoff, U., Riemann, D., Hajak, G., Weeß, H.-G. & Berger, M. (1993). Test-retest reliability and validity of the structered interview for sleep disorders and according to DSM-III-R. *American Journal of Psychiatry, 150, 6*, 867–872.

Simen, S., Hajak, G., Schlaf, G., Westenhöfer, J., Rodenbeck, A., Bandelow, B., Pudel, V. & Rüther, E. (1995). Chronifizierung von Schlafbeschwerden. *Nervenarzt, 66*, 686–695.

Spielman, A. J., Saskin, P. & Thorpy, M. J. (1987). Treatment of chronic insomnia by restriction of time in bed. *Sleep, 10, 1*, 45–56.

Thoresen, C. E., Coates, T., Zarcone, V. P., Kirmil-Gray, K. & Rosekind, M. R. (1980). Treating the complaint of insomnia: Self-management perspectives. In J. M. Ferguson &

C. B. Taylor (Hrsg.), *A comprehensive handbook of behavioral medicine* (213–234). New York: Spectrum.

Trenkwalder, C. (1996). *Restless Legs Syndrom.* Springer: Berlin.

Weyerer, S. & Dilling, H. (1991). Prevalence and treatment of insomnia in the community: Results from the upper bavarian field study. *Sleep, 14, 5*, 392–398.

World Health Organization (1991). *International Statistical Classification of Diseases and Related Health Problems* (Tenth Revision). Geneva: WHO.

Zwart, C. A. & Lisman, S. A. (1979). Analysis of stimulus control treatment of sleep-onset insomnia. *Journal of Consulting and Clinical Psychology, 47, 1*, 113–118.

11 Anhang

Vorbereitung des Entspannungstrainings
Setzen oder legen Sie sich möglichst bequem zurecht. Legen Sie störende Gegenstände wie z. B. Ihre Brille zur Seite. Schließen Sie die Augen, stellen Sie sich auf Entspannung ein und versuchen Sie, Ihre Muskeln so locker und entspannt wie möglich werden zu lassen.

Hände und Unterarme
Spannen Sie nun die Hände an, indem Sie sie zu Fäusten ballen.
Spüren Sie die Anspannung in den Händen und Unterarmen.
Öffnen Sie die Hände wieder, legen die Hände wieder bequem zurück und entspannen sie. Lassen Sie die Muskeln ganz locker werden. Achten Sie, auch bei den folgenden Übungen, auf den Unterschied zwischen der Anspannung und der Entspannung.

Oberarme
Spannen Sie die Oberarme an, indem Sie die Ellbogen beugen und die Hände Richtung Schultern führen. Halten Sie kurz die Spannung.
Und wieder locker lassen. Legen Sie die Arme wieder bequem zurück und entspannen Sie die Muskeln.

Gesicht
Kneifen Sie die Augen zusammen und rümpfen Sie die Nase. Halten Sie kurz die Anspannung.
Und wieder lockern: entspannen Sie die Augenpartie und die Nase, lassen Sie die Muskeln locker und entspannt werden.

Nacken und Hals
Versuchen Sie, Ihren Hals gleichzeitig in alle vier Richtungen zu bewegen und damit anzuspannen. Spüren Sie die Anspannung, die dabei entsteht und halten Sie sie kurz.
Lockern Sie Ihren Hals, indem Sie ihn vorsichtig nach rechts und links ausbalancieren und lassen Sie dann die Muskeln ganz locker werden.

Brust
Atmen Sie ruhig ein und aus. Atmen Sie nun einmal tief ein und halten die Luft an. Spüren Sie die Spannung in Ihrer Brust.
Lassen Sie nun die Luft wieder langsam ausströmen und spüren Sie beim langsamen Ausatmen die Entspannung. Atmen Sie weiter: ruhig ein und aus. Genießen Sie die Entspannung beim langsamen Ausatmen.

Bauch
Spannen Sie Ihre Bauchmuskeln an, indem Sie sie kräftig nach innen ziehen. Halten Sie die Anspannung für eine kurze Zeit.
Entspannen Sie die Bauchmuskulatur wieder, lassen Sie sie ganz locker werden.

Gesäß, Beine und Füße

Ziehen Sie die Zehen gegen das Gesicht und kneifen Sie die Gesäß-muskeln zusammen. Spannen Sie das Gesäß, die Oberschenkel, Unterschenkel und Füße an und halten kurz diese Anspannung.

Wiederholung der Muskelgruppen ohne Anspannungskomponente

Und wieder locker lassen: Entspannen Sie das Gesäß, die Oberschenkel, Unterschenkel und die Füße. Stellen oder legen Sie die Füße und Beine wieder bequem zurecht. Achten Sie auf die Füße, die jetzt ganz entspannt sind. Spüren Sie, wie die Entspannung sich immer mehr ausbreitet. Die Unterschenkel sind entspannt, ebenso die Oberschenkel. Die Gesäßmuskulatur ist entspannt, die Bauchmuskeln sind locker. Atmen Sie ruhig ein und aus. Genießen Sie die Entspannung beim langsamen Ausatmen. Lassen Sie dabei die Entspannung tiefer und tiefer werden. Genießen Sie die Entspannung, lassen Sie los. Spüren Sie auch die Entspannung in den Schultern, Nacken und Hals. Auch die Gesichtsmuskeln sind entspannt: die Stirn ist entspannt und glatt wie eine leere Fläche. Die Augenlider werden schwer, die Nase ist entspannt. Auch die Oberarme, die Unterarme, die Hände und Finger sind entspannt. Genießen Sie die Entspannung, lassen Sie sich gehen, atmen Sie ruhig ein und aus.

Beenden der Entspannung

Wenn Sie die Entspannung beenden möchten, bewegen Sie zunächst langsam und vorsichtig die Füße und Beine. Anschließend die Hände und Arme. Räkeln und strecken Sie sich, wenn Sie möchten, so als ob Sie morgens erwachen. Öffnen Sie langsam die Augen.

Anleitung zur Progressiven Muskelentspannung

Denken Sie jetzt an Ihr Ruhebild. Stellen Sie sich die Situation möglichst konkret vor: Was können Sie sehen, hören, riechen, fühlen, schmecken? Stellen Sie sich die Jahreszeit, die Tageszeit, das Wetter vor. Genießen Sie die Situation, entspannen Sie sich. Lassen Sie sich einfach gehen und spüren das Wohlbefinden, das sich nun ausbreitet.

Zusatzinstruktion für die ersten Durchgänge beim Ruhebild
Lassen Sie sich nicht irritieren, wenn Ihnen das Ruhebild schnell wieder wegrutscht, das ist ganz normal.
Wichtig ist das Wohlbefinden, das Sie spüren, wenn Sie sich in die Situation hineinversetzen.

Anleitung zum Ruhebild

PITTSBURGHER SCHLAFQUALITÄTSINDEX (PSQI)

Name:
Geb.datum:
Datum:

Durchführungsanweisungen

Die folgenden Fragen beziehen sich auf Ihre üblichen Schlafgewohnheiten, und zwar nur während der letzten zwei Wochen. Ihre Antworten sollten möglichst genau sein und sich auf die Mehrzahl der Tage und Nächte während der letzten zwei Wochen beziehen. Beantworten Sie bitte alle Fragen.

1. Wann sind Sie während der letzten zwei Wochen gewöhnlich abends zu Bett gegangen?   Übliche Uhrzeit: _____

2. Wie lange hat es während der letzten zwei Wochen gewöhnlich gedauert, bis Sie nachts eingeschlafen sind?   In Minuten: _____

3. Wann sind Sie während der letzten zwei Wochen gewöhnlich morgens aufgestanden?   Übliche Uhrzeit: _____

4. Wieviel Stunden haben Sie während der letzten zwei Wochen pro Nacht tatsächlich geschlafen?

   (Das muß nicht mit der Anzahl der Stunden übereinstimmen, die Sie im Bett verbracht haben.)   Effektive Schlaf-zeit (Stunden) pro Nacht: _____

Kreuzen Sie bitte für jede der folgenden Fragen die für Sie zutreffende Antwort an. Beantworten Sie bitte *alle* Fragen.

5. Wie oft haben Sie während der letzten zwei Wochen schlecht geschlafen, weil ...

a) ... Sie nicht innerhalb von 30 Minuten einschlafen konnten?

Während der letzten zwei Wochen gar nicht	Weniger als einmal pro Woche	Einmal oder zweimal pro Woche	Dreimal oder häufiger pro Woche
☐	☐	☐	☐

b) ... Sie mitten in der Nacht oder früh morgens aufgewacht sind?

Während der letzten zwei Wochen gar nicht	Weniger als einmal pro Woche	Einmal oder zweimal pro Woche	Dreimal oder häufiger pro Woche
☐	☐	☐	☐

c) ... Sie aufstehen mußten, um zur Toilette zu gehen?

Während der letzten zwei Wochen gar nicht	Weniger als einmal pro Woche	Einmal oder zweimal pro Woche	Dreimal oder häufiger pro Woche
☐	☐	☐	☐

d) ... Sie Beschwerden beim Atmen hatten?

Während der letzten zwei Wochen gar nicht	Weniger als einmal pro Woche	Einmal oder zweimal pro Woche	Dreimal oder häufiger pro Woche
☐	☐	☐	☐

e) ... Sie husten mußten oder laut geschnarcht haben?

Während der letzten zwei Wochen gar nicht	Weniger als einmal pro Woche	Einmal oder zweimal pro Woche	Dreimal oder häufiger pro Woche
☐	☐	☐	☐

f) ... Ihnen zu kalt war?

Während der letzten zwei Wochen gar nicht	Weniger als einmal pro Woche	Einmal oder zweimal pro Woche	Dreimal oder häufiger pro Woche
☐	☐	☐	☐

g) ... Ihnen zu warm war?

Während der letzten zwei Wochen gar nicht	Weniger als einmal pro Woche	Einmal oder zweimal pro Woche	Dreimal oder häufiger pro Woche
☐	☐	☐	☐

h) ... Sie schlecht geträumt hatten?

Während der letzten zwei Wochen gar nicht	Weniger als einmal pro Woche	Einmal oder zweimal pro Woche	Dreimal oder häufiger pro Woche
☐	☐	☐	☐

i) ... Sie Schmerzen hatten?

Während der letzten zwei Wochen gar nicht	Weniger als einmal pro Woche	Einmal oder zweimal pro Woche	Dreimal oder häufiger pro Woche
☐	☐	☐	☐

j) Andere Gründe? Bitte beschreiben: _____

_____

_____

_____

Wie oft während der letzten Zeit konnten Sie aus diesem Grund schlecht schlafen?

Während der letzten zwei Wochen gar nicht	Weniger als einmal pro Woche	Einmal oder zweimal pro Woche	Dreimal oder häufiger pro Woche
☐	☐	☐	☐

6. Wie würden Sie insgesamt die Qualität Ihres Schlafes während der letzten zwei Wochen beurteilen?

sehr gut	ziemlich gut	ziemlich schlecht	sehr schlecht
☐	☐	☐	☐

7. Wie oft haben Sie während der letzten zwei Wochen Schlafmittel eingenommen (vom Arzt verschriebene oder frei verkäufliche)?

Während der letzten zwei Wochen gar nicht	Weniger als einmal pro Woche	Einmal oder zweimal pro Woche	Dreimal oder häufiger pro Woche
☐	☐	☐	☐

Wenn ja, bitte Präparat und Dosis angeben:

_____

8. Wie oft hatten Sie während der letzten zwei Wochen Schwierigkeiten, wachzubleiben, etwa beim Autofahren, beim Essen oder bei gesellschaftlichen Anlässen?

Während der letzten zwei Wochen gar nicht	Weniger als einmal pro Woche	Einmal oder zweimal pro Woche	Dreimal oder häufiger pro Woche
☐	☐	☐	☐

9. Hatten Sie während der letzten zwei Wochen Probleme, mit genügend Schwung die üblichen Alltagsaufgaben zu erledigen?

keine Probleme	kaum Probleme	etwas Probleme	große Probleme
☐	☐	☐	☐

10. Schlafen Sie alleine im Zimmer?

ja	ja, aber ein Partner/Mitbewohner schläft in einem anderen Zimmer	nein, der Partner schläft im selben Zimmer, aber nicht im selben Bett	nein, der Partner schläft im selben Bett
☐	☐	☐	☐

Falls Sie einen Mitbewohner oder Partner haben, fragen Sie sie/ihn bitte, ob und wie oft er/sie bei Ihnen folgendes bemerkt hat:

a)   Lautes Schnarchen:

Während der letzten zwei Wochen gar nicht	Weniger als einmal pro Woche	Einmal oder zweimal pro Woche	Dreimal oder häufiger pro Woche
☐	☐	☐	☐

b)   Lange Atempausen während des Schlafes:

Während der letzten zwei Wochen gar nicht	Weniger als einmal pro Woche	Einmal oder zweimal pro Woche	Dreimal oder häufiger pro Woche
☐	☐	☐	☐

c)   Zucken oder ruckartige Bewegungen der Beine während des Schlafs:

Während der letzten zwei Wochen gar nicht	Weniger als einmal pro Woche	Einmal oder zweimal pro Woche	Dreimal oder häufiger pro Woche
☐	☐	☐	☐

d)   Nächtliche Phasen der Verwirrung oder Desorientierung während des Schlafes:

Während der letzten zwei Wochen gar nicht	Weniger als einmal pro Woche	Einmal oder zweimal pro Woche	Dreimal oder häufiger pro Woche
☐	☐	☐	☐

e)   Andere Formen von Unruhe während des Schlafens; bitte beschreiben:

_____

_____

_____

Wie oft traten während der letzten zwei Wochen solche Formen der Unruhe auf?

Während der letzten zwei Wochen gar nicht	Weniger als einmal pro Woche	Einmal oder zweimal pro Woche	Dreimal oder häufiger pro Woche
☐	☐	☐	☐

AUSWERTUNGSBOGEN FÜR DEN PSQI

Name: _____

Der Pittsburger Schlafqualitätsindex (PSQI) umfaßt 19 Fragen auf Selbstbeurteilungsbasis sowie 5 Fragen, die von dem Partner oder Mitbewohner, sofern vorhanden, beurteilt werden.

Nur die selbstbeurteilten Fragen werden bewertet. Die 19 Selbstbeurteilungsitems werden zu „Komponentenwerten" kombiniert, von denen jeder einen Wert von 0 bis 3 Punkten annehmen kann.

Ein Wert von „0" bedeutet in allen Fällen „keine Schwierigkeiten", während ein Wert von „3" „große Schwierigkeiten" bedeutet. Die sieben Komponentenwerte werden dann zusammengezählt, um einen „Gesamtwert" von 0 bis 21 Punkten zu errechnen, wobei „0" wieder für „keinerlei Schwierigkeiten" steht und „21" für „große Schwierigkeiten in allen Bereichen".

Die Bewertung verläuft folgendermaßen:

Komponente 1: Subjektive Schlafqualität

Gehe zu Frage 6 und bewerte folgendermaßen:

ANTWORT	KOMPONENTENWERT 1	
„Sehr gut"	0	
„Ziemlich gut"	1	
„Ziemlich schlecht"	2	
„Sehr schlecht"	3	**Komponentenwert 1:** _____

Komponente 2: Schlaflatenz

1. Gehe zu Frage 2 und bewerte folgendermaßen:

ANTWORT	WERT FRAGE 2:	
≤15 Min.	0	
16–30 Min.	1	
31–60 Min.	2	
>60 Min.	3	Wert Frage 2: _____

2. Gehe zu Frage 5a und bewerte folgendermaßen:

ANTWORT	WERT FRAGE 5a	
Gar nicht	0	
Weniger als einmal	1	
Einmal oder zweimal	2	
Dreimal oder häufiger	3	Wert Frage 5a: _____

3. Wert von Frage 2 und 5a addieren: Summe von 2 und 5a _____

4. Bewerte Komponente 2 folgendermaßen:

SUMME VON 2 UND 5a	KOMPONENTENWERT 2	
0	0	
1–2	1	
3–4	2	
5–6	3	**Komponentenwert 2:** _____

79

Komponente 3: Schlafdauer

Gehe zu Frage 4 und bewerte folgendermaßen:

ANTWORT	KOMPONENTENWERT 3
>7 Std.	0
6–7 Std.	1
5–6 Std.	2
<5 Std.	3

Komponentenwert 3: _____

Komponente 4: Schlafeffizienz

1. Notiere die Schlafzeit in Stunden (Frage 4):

2. Berechne die Anzahl der im Bett verbrachten Stunden:

   Aufstehzeit (Frage 3): _____   Zubettgehzeit (Frage 1): ‾‾‾‾

   Anzahl der im Bett verbrachten Stunden: _____

3. Berechne die Schlafeffizienz folgendermaßen:
   (Schlafzeit in Stunden/Anzahl der im Bett
   verbrachten Stunden)
   x 100 = Schlafeffizienz %   (_____/_____) x 100 = _____

4. Bewerte Komponente 4 folgendermaßen:

SCHLAFEFFIZIENZ	KOMPONENTENWERT 4
≥85 %	0
75–84 %	1
65–74 %	2
<65 %	3

Komponentenwert 4: _____

Komponente 5: Schlafstörungen

1. Gehe zu Frage 5 b–5 j und bewerte *jede* Frage folgendermaßen:

ANTWORT	WERT
Gar nicht	0
Weniger als einmal	1
Einmal oder zweimal	2
Dreimal oder häufiger	3

5 b Wert _____
5 c Wert _____
5 d Wert _____
5 e Wert _____
5 f Wert _____
5 g Wert _____
5 h Wert _____
5 i Wert _____
5 j Wert _____

2. Addiere die Werte der Fragen 5 b–5 j: Summe 5 b–5 j: _____

3. Bewerte Komponentenwert 5
   folgendermaßen:

SUMME VON 5 b–5 j	KOMPONENTENWERT 5
0	0
1–9	1
10–18	2
19–27	3

Komponentenwert 5: _____

Komponente 6: Schlafmittelkonsum

Gehe zu Frage 7 und bewerte folgendermaßen:

ANTWORT	KOMPONENTENWERT 6
Gar nicht	0
Weniger als einmal	1
Einmal oder zweimal	2
Dreimal oder häufiger	3

Komponentenwert 6: _____

Komponente 7: Tagesmüdigkeit

1. Gehe zu Frage 8 und bewerte folgendermaßen:

ANTWORT	WERT
Nie	0
Weniger als einmal	1
Einmal oder zweimal	2
Dreimal oder häufiger	3

Wert Frage 8:____

2. Gehe zu Frage 9 und bewerte folgendermaßen:

ANTWORT	WERT
Keine Probleme	0
Kaum Probleme	1
Etwas Probleme	2
Große Probleme	3

Wert Frage 9: ____

3. Addiere die Werte der Fragen 8 und 9:

Summe von 8 und 9: ____

4. Bewerte Komponente 7 folgendermaßen:

SUMME VON 8 UND 9	KOMPONENTENWERT 7
0	0
1–2	1
3–4	2
5–6	3

Komponentenwert 7: _____

Hinweis: Die Antworten der Frage 10 gehen nicht in den numerischen Gesamtwert des PSQI ein, sondern dienen qualitativ als Hinweise für das Vorliegen organischer Faktoren wie Apnoe oder Restless legs.

Addiere die sieben Komponentenwerte = Gesamtwert PSQI

Schlafqualität	(Komponente 1): _____
Schlaflatenz	(Komponente 2): _____
Schlafdauer	(Komponente 3): _____
Schlafeffizienz	(Komponente 4): _____
Schlafstörungen	(Komponente 5): _____
Schlafmittelkonsum	(Komponente 6): _____
Tagesmüdigkeit	(Komponente 7): _____

GESAMTWERT PSQI: _____

Name: _____   Woche vom _____ bis _____

Abendprotokoll: bitte am Abend vor dem Schlafengehen ausfüllen

	Montag-abend	Dienstag-abend	Mittwoch-abend	Donnerstag-abend	Freitag-abend	Samstag-abend	Sonntag-abend
Datum:							
Tagesmüdigkeit: 1 = Keine Müdigkeit 6 = Starke Müdigkeit	1 □□□□□□ 6	1 □□□□□□ 6	1 □□□□□□ 6	1 □□□□□□ 6	1 □□□□□□ 6	1 □□□□□□ 6	1 □□□□□□ 6
Konzentration: 1 = sehr konzentriert 6 = sehr unkonzentriert	1 □□□□□□ 6	1 □□□□□□ 6	1 □□□□□□ 6	1 □□□□□□ 6	1 □□□□□□ 6	1 □□□□□□ 6	1 □□□□□□ 6
Stimmung: 1 = sehr gute Stimmung 6 = sehr schlechte Stimmung	1 □□□□□□ 6	1 □□□□□□ 6	1 □□□□□□ 6	1 □□□□□□ 6	1 □□□□□□ 6	1 □□□□□□ 6	1 □□□□□□ 6
Schlaf am Tag wie z. B. Mittagsschlaf, Nickerchen vorm Fernseher etc. Dauer (in Std./Min.) und Uhrzeit:							
Koffeinhaltige Getränke/Alkohol: Menge und Uhrzeit angeben							
Gab es etwas Besonderes am Tage?							

Schlaftagebuch: Abendprotokoll

Morgenprotokoll: bitte morgens nach dem Aufstehen ausfüllen

	Dienstag-morgen	Mittwoch-morgen	Donnerstag-morgen	Freitag-morgen	Samstag-morgen	Sonntag-morgen	Montag-morgen
Datum:							
Schlafqualität: 1 = sehr gut 6 = sehr schlecht	1 □□□□□□ 6	1 □□□□□□ 6	1 □□□□□□ 6	1 □□□□□□ 6	1 □□□□□□ 6	1 □□□□□□ 6	1 □□□□□□ 6
Gefühl des Erholtseins: 1 = sehr gut 6 = sehr schlecht	1 □□□□□□ 6	1 □□□□□□ 6	1 □□□□□□ 6	1 □□□□□□ 6	1 □□□□□□ 6	1 □□□□□□ 6	1 □□□□□□ 6
Licht gelöscht (Uhrzeit):							
Grobe Schätzung der Einschlafdauer (Min.):							
Aufgewacht? Wenn ja, wie oft ca.?							
Dauer der Wachliegezeit 1 = sehr kurz 6 = sehr lang	1 □□□□□□ 6	1 □□□□□□ 6	1 □□□□□□ 6	1 □□□□□□ 6	1 □□□□□□ 6	1 □□□□□□ 6	1 □□□□□□ 6
Wann sind Sie morgens aufgestanden? (Uhrzeit):							
Wie lange haben Sie ca. geschlafen? (Std./Min.) Nur grob einschätzen!							
Haben Sie Schlafmittel genommen? Wenn ja, Präparat und Dosis angeben							

Schlaftagebuch: Morgenprotokoll

Fortschritte
der Psychotherapie

herausgegeben von Dietmar Schulte,
Klaus Grawe, Kurt Hahlweg und Dieter Vaitl

Die Reihe *Fortschritte der Psychotherapie* informiert praxisnah und handlungsorientiert über Diagnostik, Klassifikation und Entstehungsbedingungen der jeweiligen Störung und bietet darüber hinaus zahlreiche Hinweise und Anregungen zum konkreten therapeutischen Vorgehen.

Bände 1999

Franz Petermann
Asthma bronchiale
(FPT, Band 5), 1999, VI/99 Seiten
ISBN 3-8017-1121-8

Johannes Lindenmeyer
Alkohol-abhängigkeit
(FPT, Band 6), 1999,
VIII/107 Seiten
ISBN 3-8017-1159-5

Jutta Backhaus / Dieter Riemann
Schlafstörungen
(FPT, Band 7), 1999, VI/82 Seiten
ISBN 3-8017-1122-6

Anke Ehlers
Posttraumatische Belastungsstörung
(FPT, Band 8), 1999, 90 Seiten
ISBN 3-8017-0797-0

Bände 1998

Winfried Rief / Wolfgang Hiller
Somatisierungsstörung und Hypochondrie
(FPT, Band 1), 1998, VI/88 Seiten
ISBN 3-8017-1059-9

Kurt Hahlweg / Matthias Dose
Schizophrenie
(FPT, Band 2), 1998, VIII/114 Seiten
ISBN 3-8017-1001-7

Silvia Schneider / Jürgen Margraf
Agoraphobie und Panikstörung
(FPT, Band 3), 1998, VI/73 Seiten
ISBN 3-8017-1011-4

Martin Hautzinger
Depression
(FPT, Band 4), 1998,
VIII/86 Seiten
ISBN 3-8017-1002-5

✓ Zur Fortsetzung bestellen und Geld sparen

Der Preis pro Band beträgt DM 39,80/sFr. 35,90/öS 291,–. Wenn Sie die *Fortschritte der Psychotherapie* zur Fortsetzung bestellen, erhalten Sie alle Bände automatisch nach Erscheinen (3-4 Bände jährlich) zum Vorzugspreis von je DM 29,80/sFr. 26,80/öS 218,–, **Sie sparen 25%** gegenüber dem Einzelpreis.

 Hogrefe - Verlag für Psychologie

Rohnsweg 25, 37085 Göttingen • Tel. 0551/49609-0, Fax: -88 • verlag@hogrefe.de

Motion Screener

Heimmonitor für PLM und RLS

Der MotionScreener ist ein zweikanaliger Monitor zur ambulanten Diagnose und Verlaufskontrolle der periodischen Beinbewegungen (PLM) und ähnlicher mit Bewegungen der Extremitäten verbundener Schlafstörungen, wie dem *Restless Legs Syndrom* (RLS). Dieses Syndrom der rastlosen Beine, das durch quälende Mißempfindungen in den Beinen in Ruhe gekennzeichnet ist, wird oft von periodischen Beinbewegungen begleitet. Zwei piezoelektrische Fuß- oder Handsensoren werden an den Gelenken des Patienten befestigt und registrieren die Bewegungen der jeweiligen Gliedmaßen.

Der MotionScreener wird mit einer unter Windows lauffähigen Software konfiguriert und betrieben. Die aufgezeichneten Daten und die daraus abgeleitete Statistik können graphisch dargestellt werden.

Durch die vom Arzt einstellbaren Betriebsmodi kann die Untersuchung optimal an die jeweiligen Bedürfnisse angepaßt werden. Durch den Patienten selbst müssen nur die Sensoren angelegt, die Kabelverbindungen hergestellt und der Monitor gestartet werden. Alle vom Patienten zu bedienenden Gerätekomponenten sind robust und verwechslungssicher gestaltet.

Weitere Informationen zu diesem oder anderen computergestützten Verfahren erhalten Sie beim

 **Apparatezentrum**

Rohnsweg 25, D-37085 Göttingen • Tel. (0551) 49609-38/37
Fax: -88 • http://www.hogrefe.de • apparatezentrum@hogrefe.de

Psychotherapie

Eberhardt Hofmann
Progressive Muskelentspannung
Ein Trainingsprogramm (Therapeutische Praxis)
1999, 148 Seiten, DM 44,80 / sFr. 40,30
öS 327,– • *ISBN 3-8017-1156-0*

Der Autor stellt ein vierzehn Sitzungen umfassendes Trainingsprogramm zur Progressiven Muskelrelaxation (PMR) vor. Es handelt sich dabei um eine Erweiterung der klassischen - rein muskulären Entspannung. Der Kursaufbau und die einzelnen Kurseinheiten werden detailliert beschrieben. PMR kann in der Regel sehr schnell erlernt und daher in zahlreichen Bereichen der Psychotherapie und Gesundheitsprävention eingesetzt werden.

Tilmann Müller / Beate Paterok
Schlaftraining
Ein Therapiemanual zur Behandlung von Schlafstörungen (Therapeutische Praxis)
1999, 162 Seiten (Großformat), DM 49,80
sFr. 44,80 / öS 364,– • *ISBN 3-8017-1299-0*

Das Therapiemanual bietet erstmals eine ausführliche Beschreibung der Schlafrestriktionstechnik zur Behandlung chronischer Insomnien. Der erste Teil des Buches vermittelt notwendiges Wissen über die Diagnostik von Schlafstörungen, im zweiten Teil wird detailliert und übersichtlich der Ablauf der sechs 90minütigen Sitzungen des Schlaftrainings dargestellt. Sämtliche Materialien, die für die Eingangsdiagnostik, Durchführung der Therapie und Kontrolle des Therapieerfolges erforderlich sind, werden im Manual zur Verfügung gestellt.

 **Hogrefe - Verlag**

Rohnsweg 25, 37085 Göttingen • http://www.hogrefe.de